Schreibtraining

Deutsch für den Beruf B2

Nicole Fernandes

telc gGmbH
Frankfurt am Main

Schreibtraining
Deutsch für den Beruf B2

Autorin:	Nicole Fernandes
Redaktion:	Gaby Bauer-Negenborn
Layout und Satz:	Christiane Manz für bookwise medienproduktion GmbH
Coverfoto:	fotolia.com/fotolia_122126831
Umschlagfotos hinten:	Jan Kocovski

Weitere Informationen zu unseren Lehrwerken finden Sie unter: www.telc.net/lehrmaterialien.

3. Auflage[2] 2024

www.telc.net
Printed in Germany

telc Order-Nr.:	4004-TST-1801A
ISBN:	978-3-946447-22-1

Hinweise zur Arbeit mit dem Schreibtraining

Mit dem **Schreibtraining** Deutsch für den Beruf B2 verbessern Lernende gezielt ihre Fertigkeiten in der schriftlichen Kommunikation. Das Schreibtraining ist in zwei Teile gegliedert: Teil I trainiert in zwölf Kapiteln den schriftlichen Ausdruck in relevanten beruflichen Handlungsfeldern. Dazu gehört zum Beispiel, Anfragen und Beschwerden zu beantworten, Arbeitsaufträge zu formulieren, über Angebote zu verhandeln, Produkte zu beschreiben, Meeting-Protokolle zu verfassen oder im Konfliktfall den eigenen Standpunkt schlüssig darzulegen.

Diese Übungen führen die Lernenden an umfassendere Schreibaufgaben heran: Teil II des Schreibtrainings enthält zwölf Szenarien, an denen verschiedene Personen mit bestimmten Rollen beteiligt sind. Die Szenarien beschreiben den Ablauf beruflich relevanter Situationen wie die Jobsuche von der Beratung bis zum Bewerbungsschreiben, die Suche nach einer Vertretung im Falle eines überraschenden Ausfalls, die Reklamation und Verhandlung bei einem Handwerkerschaden, die Organisation eines Betriebsfestes und mehr. In jeder Rolle werden die entsprechenden Handlungsschritte – vorrangig schriftlich – trainiert.

Szenarien können grundsätzlich in verschiedenen Kompetenzstufen bearbeitet werden und eignen sich damit ideal zur Binnendifferenzierung. Dasselbe Szenario kann zu einem späteren Zeitpunkt mit anspruchsvolleren sprachlichen Mitteln erneut bearbeitet werden. Damit begegnet das Schreibtraining optimal den Herausforderungen des manchmal schwierigen Übergangs von Integrations- zu Berufssprachkursen, denn es bietet

- Schreibübungen zu allen beruflich relevanten Sprachhandlungen.
- ein Training wichtiger Textsorten.
- Übungen für den angemessenen Ausdruck in verschiedenen Situationen mit unterschiedlichen Gesprächspartnern.
- ein breites Spektrum an Berufen.
- die sofortige Anwendungsmöglichkeit in zwölf realistischen Szenarien.

Wenn Sie im Kurs mit dem Lehrwerk **Einfach besser! 500** Deutsch für Berufssprachkurse B2 arbeiten, bietet sich dieses Schreibtraining als passende Ergänzung an. Die einzelnen Kapitel greifen die im Lehrwerk thematisierten sprachlichen Handlungsfelder auf und vertiefen diese weiter. Lernende, die eine telc Prüfung der Kompetenzstufe B2 ablegen wollen, gewinnen damit mehr Sicherheit in ihrer schriftlichen Kommunikation.

Erfahrene Kursleiterinnen und Kursleiter haben uns bei der Entwicklung dieses Trainings beraten und unterstützt. Wir freuen uns, Ihnen mit dem telc Schreibtraining zusätzliches Übungsmaterial vorlegen zu können, das passgenau auf der Kompetenzstufe B2 eingesetzt werden kann.

Allgemeine Tipps zum Schreibenlernen

TIPP 1

Schreiben lernt man nur durch Schreiben. Versuchen Sie deshalb, möglichst viele schriftliche Texte zu verfassen.

TIPP 2

Vergessen Sie nicht, am Ende noch einmal die Rechtschreibung Ihres Textes zu kontrollieren.

TIPP 3

Wenn Sie Ihren schriftlichen Ausdruck für eine Prüfung trainieren, sollten Sie lernen, genau darauf zu achten, was in der Aufgabe steht. Bearbeiten Sie detailliert die einzelnen Leitpunkte.

TIPP 4

Vergegenwärtigen Sie sich, an wen Sie schreiben. Orientieren Sie sich in der Gruß- und Abschiedsformel und im Schreibstil am Empfänger Ihres Schreibens.

TIPP 5

Lesen hilft beim Schreiben. Durch Lesen eignen Sie sich Wortschatz und Wendungen an, die Sie in Ihren Texten einsetzen können.

TIPP 6

Formulieren Sie positiv! Unser Gehirn streicht Negationen wie „nie“ oder „nicht“, sodass negativ formulierte Sätze falsch verstanden werden. Aus *„Zögern Sie bitte nicht, mich anzurufen.“* macht das Gehirn *„Zögern Sie bitte, mich anzurufen.“* Schreiben Sie deshalb besser: *„Sie können mich jederzeit anrufen!“*

TIPP 7

Werden Sie konkret. Benennen Sie den Artikel, den Vorgang, das Projekt, um das es geht. Das müssen Sie auch in der echten Geschäftskorrespondenz tun. Beim Üben dürfen Sie deshalb gern kreativ werden.

TIPP 8

Korrekten Satzbau können Sie trainieren, wenn Sie Sätze aus beruflicher Korrespondenz in einzelne Wörter zerlegen und diese auf Kärtchen schreiben. Legen Sie dann die Kärtchen wieder zu vollständigen Sätzen zusammen.
Gibt es vielleicht verschiedene Möglichkeiten?

nehmen möchte nächsten Woche Urlaub in Ich der

Ob Sie einen Praktikumsplatz, eine Ausbildungsstelle oder ein festes Arbeitsverhältnis suchen – am Anfang steht immer die Bewerbung. Sie müssen Ihrem zukünftigen Arbeitgeber erklären, wer Sie sind, welche Qualifikationen und Kompetenzen Sie besitzen und warum Sie sich für eine Stelle in der Firma interessieren. Die wichtigsten Teile einer Bewerbung sind ein ausführlicher Lebenslauf und das Bewerbungsschreiben. Hier erläutern Sie Ihre Motivation und haben die Möglichkeit, Ihre Person deutlich zu beschreiben. Bewerbungen werden grundsätzlich in einem formellen Stil geschrieben.

1 Einen Lebenslauf schreiben

a Lesen Sie den Lebenslauf von Fayyad Hadji und setzen Sie die Wörter für die einzelnen Informationen ein.

Anschrift | Schulbildung | Telefon | Weiterbildungen/Kurse | Besondere Kenntnisse/Sprachen | Berufsausbildung | Berufserfahrung | E-Mail | Name | Geburtsdatum/-ort | Persönliche Daten

(1) .... **LEBENSLAUF**

(2) .... Fayyad Hadji
(3) .... Heussallee 73
20375 Hamburg
(4) .... 0153 / 6541800
(5) .... hadjif@powermail.de
(6) .... 07.05.1990 in Marrakesh, Marokko

(7) .... Verkäufer/Kundenberater, Elektro Hansen, Hamburg
seit April 2016
Beratung der Kunden zu Geräten, Garantie und Funktionen

Elektriker, Bauunternehmen Shamah, Marrakesh
2010–2013
Verlegen von Elektroleitungen in Neubauten

(8) .... Deutschkurs (B2), Volkshochschule Hamburg, 2015; Integrationskurs Deutsch als Zweitsprache, Volkshochschule Hamburg, 2014; Abschluss: Deutschtest für Zuwanderer (B1)

(9) .... Fachschule für Technik, Marrakesh; Abschluss: Elektriker, 2009

(10) .... Staatliche Sekundarschule, Marrakesh, 2002–2007

Staatliche Primarschule, Marrakesh, 1996–2002

(11) .... Französisch (Muttersprache), Arabisch (gute Kenntnisse), Deutsch (B2-Zertifikat), Englisch (mittlere Kenntnisse), Berber (Grundkenntnisse)

Hamburg, 17. Juni 20xx

Fayyad Hadji

b Wenn Sie Ihre Berufserfahrung beschreiben, nennen Sie Ihre Position, die Firma sowie den Ort und die Zeit, die Sie dort verbracht haben. Darunter erklären Sie kurz Ihre Tätigkeiten. Ordnen Sie den folgenden Berufen die passenden Tätigkeiten zu.

Berufe	Tätigkeiten
1 (f) Krankenpfleger/in	a Herstellung von Broten und Kuchen, Dekoration von Torten
2 ☐ Lagerist/in	b Haar- und Kopfhautpflege, Beratung, Schneiden und Styling
3 ☐ Verkäufer/in	c Entwicklung von Softwarelösungen für Werkstätten
4 ☐ Installateur/in	d Kundenakquise, Präsentation von Produkten, Pflege des Kundenstamms
5 ☐ Friseur/in	e Annahme und Erfassung von Waren, Überprüfung der Lieferungen, Sortierung
6 ☐ Programmierer/in	f Betreuung von Patienten vor und nach Operationen
7 ☐ Bäcker/in	g Entwicklung und Konstruktion von Elektrogeräten
8 ☐ Vertriebsmitarbeiter/in	h Einbau von Wänden und Raumteilern
9 ☐ Kundenbetreuer/in	i Mitarbeit im Ladengeschäft, Dekoration, Kasse
10 ☐ Elektroingenieur/in	j Untersuchung von Lebensmittelproben
11 ☐ Laborassistent/in	k Beratung und Unterstützung, persönlich und am Telefon
12 ☐ Trockenbauer/in	l Einbau von Heizungsanlagen in Neubauten

c Für den Lebenslauf verwenden Sie eher Nomen als Verben. Schreiben Sie zu den folgenden Verben die passenden Nomen und formulieren Sie dann die Tätigkeit für den Lebenslauf.

1 Bretter für Möbel zuschneiden
2 Wasserdruck messen
3 Messestände aufbauen
4 Materialien für die Produktion einkaufen
5 Konzertbesucher am Einlass kontrollieren
6 Angebote schreiben
7 Gäste bedienen
8 Muskulatur von Patienten trainieren
9 Lastkraftwagen reparieren
10 elektronische Bauteile herstellen
11 mit Kunden telefonieren
12 Waren ausliefern

Beispiel:

1 *Zuschnitt von Brettern für Möbel*

Zu meinen Tätigkeiten gehörte auch der Zuschnitt von Brettern für Möbel.

d Schreiben Sie nun Ihren eigenen Lebenslauf wie im Beispiel. Praktika zählen ebenfalls zu Berufserfahrungen. Beschreiben Sie auch kurz Ihre Tätigkeiten.

2 Ein Bewerbungsschreiben vorbereiten

a In einem Bewerbungsschreiben stellen Sie sich kurz vor und zeigen der Firma, dass Sie sich sehr für einen Arbeitsplatz, eine Ausbildungsstelle oder ein Praktikum interessieren. Dabei ist es wichtig, dass Sie Ihre Erfahrungen und Qualifikationen möglichst genau beschreiben und Ihre Motivation glaubwürdig zum Ausdruck bringen. Schauen Sie sich die Stellenanzeigen an und notieren Sie, was eine Bewerberin/ein Bewerber dafür können bzw. mögen muss.

A Der Astrid-Lindgren-Kindergarten am Park sucht internationale Erzieher/innen!

Aktuell verbringen täglich etwa 70 Kinder im Alter von 1 bis 5 Jahren den Tag im Astrid-Lindgren-Kindergarten am Park. Die Gruppen bestehen aus 12 bis 15 Kindern. Unsere Kinder und Eltern kommen aus verschiedenen Ländern und sprechen unterschiedliche Sprachen, darunter Deutsch, Französisch, Türkisch, Russisch und Italienisch.

Wir suchen zwei Erzieher/innen in Vollzeit zum Einstieg am 01.09.20xx. Wenn Sie über eine abgeschlossene Ausbildung als Erzieher/in verfügen, Freude am Umgang mit Kindern haben und auch einen freundlichen Kontakt zu den Eltern pflegen, freuen wir uns auf Ihre Bewerbung. Ihre Deutschkenntnisse sollten gut sein und andere Sprachen sind natürlich von Vorteil.

Ihre Bewerbungsunterlagen richten Sie bitte an: ...

– ...

Qualifikationen/Kenntnisse/Interessen:

– abgeschlossene Erzieherausbildung

– ...

– ...

B Sanitär Möller bildet aus!

Der bekannte Fachbetrieb für Heizung, Gas und Wasser ermöglicht Auszubildenden seit vielen Jahren einen Einstieg in den Beruf des Installateurs/der Installateurin Heizung/Gas/Wasser.
Wir bieten Ihnen eine solide Handwerksausbildung in Verbindung mit einer attraktiven Ausbildungsvergütung.

Wenn Sie keine Angst haben, sich die Finger schmutzig zu machen, gern unterwegs sind und an verschiedenen Stellen arbeiten, freundlich sind und gründlich arbeiten, sind Sie bei uns richtig. Handwerkliches Geschick, Interesse an Technik und körperliche Belastbarkeit setzen wir voraus. Ein Haupt- oder Realschulabschluss ist von Vorteil. Bewerben Sie sich für das kommende Ausbildungsjahr 20xx. Wir freuen uns auf Sie!

C Metall Herrlich stellt ein!

Wir sind ein führendes Unternehmen der Metallverarbeitung und stellen Metallteile für den Bau von Maschinen und Anlagen her. Da unser Kundenstamm ständig größer wird, suchen wir zum nächstmöglichen Termin CNC-Fräser und Schweißer in Vollzeit. Wir bieten eine überdurchschnittliche Bezahlung und erstklassige Sozialleistungen.

Wenn Sie über die entsprechende Ausbildung verfügen, exakt und mit Blick fürs Detail arbeiten, vielleicht schon Berufserfahrung besitzen und sich zusammen mit einem expandierenden Unternehmen weiterentwickeln möchten, bewerben Sie sich bei uns und lassen Sie uns über Ihre Zukunftspläne sprechen.

b Suchen Sie im Internet (z. B. auf www.arbeitsagentur.de) Stellen- oder Ausbildungsangebote, die Sie interessant finden. Schreiben Sie die Anforderungen an die Bewerber auf.

c Schauen Sie sich die folgenden persönlichen Stärken an und überlegen Sie, zu welchem der drei Stellenangebote in Aufgabe 2a sie jeweils passen könnten. Tragen Sie A, B oder C ein.

1 ☐ geduldig
2 ☐ unabhängig und reisebereit
3 ☐ kommunikationsstark
4 ☐ genau und detailgetreu
5 ☐ technisches Interesse
6 ☐ geschickt mit Maschinen

3 Ein Bewerbungsschreiben verfassen

a Ergänzen Sie das Bewerbungsschreiben zu Stellenanzeige A.

Marina Hilario

Kantweg 22
50722 Köln
E-Mail: hilario.marina@xnet.com
Telefon: 0221/112233
Mobil: 0176/112233

Astrid-Lindgren-Kindergarten
Gisela Weyer
Parkallee 2
50111 Köln

Köln, 12.05.20xx

Ihr Stellenangebot bei der Bundesagentur für Arbeit vom 23.04.20xx
Bewerbung als Erzieherin

Sehr geehrte Frau Weyer,

Ihr Stellenangebot bei der Bundesagentur für Arbeit hat mich sehr angesprochen und deshalb ......1...... ich mich bei Ihnen ......2...... Erzieherin.

Im vergangenen Jahr habe ich meine Ausbildung zur Erzieherin mit gutem Erfolg ......3...... und zunächst weiter im Grete-Herrmann-Kindergarten gearbeitet. Da ich mich aber schon länger für die Arbeit in einem internationalen Kindergarten ......4......, möchte ich mich gern beruflich ......5.......

Die Arbeit mit Kindern hat mir ......6...... während meiner Ausbildung ......7...... später im Beruf immer große Freude ......8....... Ich sehe mich dabei als Unterstützerin, die Kindern Angebote macht, um neue Fähigkeiten zu ......9...... und dabei auch Spaß zu ......10....... Meine ......11...... mit Kindern hilft mir dabei, auch komplizierte Lernprozesse zu fördern. Zu den Eltern hatte ich stets ein vertrauensvolles Verhältnis, weil ich über gute ......12...... verfüge. Ich kann genau erklären, aber auch zuhören.

Sprachen haben mich immer interessiert. Meine Eltern ....13........ aus Italien und ich bin in Deutschland zweisprachig aufgewachsen. In der Schule habe ich noch Englisch und ein bisschen Französisch ....14........ . Das wird mir bei der Arbeit im Astrid-Lindgren-Kindergarten sicher ....15........ sein.

Ich freue mich sehr über die Einladung zu einem persönlichen Gespräch.

Mit freundlichen Grüßen

Marina Hilario

Anlagen:
Lebenslauf
Ausbildungszeugnis
Arbeitszeugnis
Realschulzeugnis

b Verfassen Sie nun ein eigenes Bewerbungsschreiben. Sie können die Stellenanzeigen oben verwenden, wenn Sie mehr üben möchten, Sie können aber auch eine Anzeige aus dem Internet benutzen. Überlegen Sie, was Sie Ihrem zukünftigen Arbeitgeber anbieten können und wie Sie sich Ihre Arbeit vorstellen.

4 Eine begleitende E-Mail schreiben

Wenn Sie Ihre Bewerbung per E-Mail schicken, müssen Sie noch eine kurze Begleitmail verfassen, in der Sie auf Ihre Bewerbung hinweisen. Die anderen Unterlagen hängen Sie dann an die E-Mail an.

a Ergänzen Sie die folgende E-Mail.

Von: hilario.marina@xnet.com
An: info@lindgren-kiga.de
Betreff: Meine Bewerbung als Erzieherin

Sehr geehrte Frau Weyer,

gern ....1........ ich mich hiermit ....2........ in Ihrem Kindergarten.

........3........ finden Sie meinen ....4........, ein ....5........ sowie meine ....6........ .

........7........, bald von Ihnen zu hören.

Mit freundlichen Grüßen

Marina Hilario

b Schreiben Sie eine begleitende E-Mail für Ihre eigene Bewerbung.

Sei es, dass Sie einen Kollegen um Hilfe bitten müssen, Ihren Urlaub beantragen wollen oder Ihre Schicht tauschen möchten – Anfragen und Bitten zu formulieren, gehört zur täglichen Kommunikation im Arbeitsalltag. Im eigenen Unternehmen müssen Sie überlegen, ob Sie Ihre Kontaktperson duzen oder siezen und welche Höflichkeitsformeln Sie verwenden. Wenn Sie an eine andere Firma schreiben, nutzen Sie gewöhnlich einen formelleren Stil. Oft müssen Sie auch mehr erklären, weil Ihre Ansprechperson Sie und Ihr Unternehmen nicht kennt.

1 Bitten innerhalb des eigenen Unternehmens formulieren

a Die Mitarbeiter verschiedener Firmen haben sich Notizen gemacht, um daraus per E-Mail Anfragen an Ihre Kollegen oder Chefs zu formulieren. Lesen Sie die Stichpunkte und vergegenwärtigen Sie sich das jeweilige Anliegen.

1 Boubacar Fouda, Mitarbeiter einer Speditionsfirma
2 Julie Smits, Rezeptionistin im Hotel
3 Thomas Schönberg, Physiotherapeut im Pflegeheim
4 Céline Jardin, Verkäuferin im Kaufhaus
5 Cem Arslan, Leiter eines Reinigungsteams

1
- an Personalabteilung schreiben
- 1 Woche Urlaub im Mai (05.05.–09.05.)
- Familie in Frankreich besuchen
- Schwester heiratet

2
- an Kollegin Helena Becker schreiben
- Spätschicht statt Frühschicht
- ganzer Juli
- Kindergarten hat Ferien

3
- an den Praktikanten Nanh Nguyen schreiben
- Hilfe mit Herrn Wüst
- Herr Wüst kann nicht allein aus dem Bett und dem Rollstuhl aufstehen
- morgen 10:00–12:00 Uhr hat Herr Wüst Physiotherapie

4
- an die Abteilungsleiterin Katharina Fröhlich-Schmitz schreiben
- Vertretung für übernächsten Samstag
- Sohn hat Schulfest

5
- an den Chef Theo Bürli schreiben
- Gesprächstermin
- wann und wo?
- Probleme im Reinigungsteam

b Formulieren Sie schriftlich jeweils das zentrale Anliegen. Die ersten beiden Stichpunkte auf den Notizzetteln helfen Ihnen dabei.

Beispiel:

1 *Die Personalabteilung soll eine Woche Urlaub genehmigen.*
2 ....
3 ....
4 ....
5 ....

c Beginnen Sie Ihre E-Mail an die jeweiligen Ansprechpartner mit der Anrede und formulieren Sie eine vollständige Erklärung der Situation. Nutzen Sie dazu die weiteren Stichpunkte auf den Notizzetteln. Die Satzanfänge unten helfen Ihnen. Entscheiden Sie zunächst, welcher Anfang zu welcher Situation passen könnte. Manchmal sind mehrere möglich. Wenn Sie eigene Formulierungen kennen, können Sie auch diese benutzen.

REDEMITTEL

Sehr geehrte Damen und Herren,
Sehr geehrter Herr ... / Sehr geehrte Frau ...,
Liebe / Lieber ...,
Hallo ...,

wie du sicher weißt, wird am ...
wir haben seit einiger Zeit ...
ich habe heute erfahren, dass ...
wie in jedem Jahr ...
es ist mal wieder soweit: ...
ich habe morgen einen Termin mit ...
ich möchte Ihnen mitteilen, dass ...
ich schreibe Ihnen, weil ...

Beispiel:

1 *Sehr geehrte Damen und Herren,*
ich schreibe Ihnen, weil ich im Mai dieses Jahres meine Familie in Frankreich besuchen möchte. Meine Schwester heiratet am 07.05.

d Was möchten Sie mit Ihrer E-Mail erreichen? Schreiben Sie nun Ihr Anliegen auf. Dabei ist es wichtig, dass Sie eine sinnvolle Verbindung zwischen beiden Teilen schaffen. Wählen Sie einen der Anfänge unten.

REDEMITTEL

Aus diesem Grund ...
Entsprechend ...
Deshalb / Darum / Deswegen / Daher ...

Also ...
Aber ...
Nun ist es leider so, dass ...

Beispiel:

1 *Deshalb möchte ich in der Woche vom 05.05. bis zum 09.05. gern fünf Tage Urlaub nehmen.*

e Formulieren Sie nun konkret Ihre Bitte bzw. Anfrage. Achten Sie auch hier darauf, dass sie klar ist und gut zur Situation passt. Wählen Sie einen der folgenden Satzanfänge.

REDEMITTEL

Es wäre wirklich toll, wenn du ...
Ich bitte Sie herzlich, ...
Könntest du vielleicht ...
Wäre es möglich, dass ...
Sie würden mir sehr entgegenkommen, wenn ...

Es wäre eine große Hilfe für mich, wenn ...
Ich hätte ein Problem weniger, wenn ...
Ich frage mich deshalb, ob ...
Sie würden mir einen großen Gefallen tun, wenn ...
Sie würden mir eine große Freude machen, wenn ...

Beispiel:

1 *Sie würden mir einen großen Gefallen tun, wenn Sie diesen Urlaub schnellstmöglich genehmigen.*

f Um Ihre Bitte zu verstärken, können Sie erklären, wie wichtig eine positive Antwort für Sie ist. Wählen Sie einen passenden Anfang aus und schreiben Sie den Satz zu Ende.

REDEMITTEL

Es ist wirklich sehr wichtig für mich, ...
Ich würde dich sicher nicht bitten, wenn ...
Ich möchte keine Umstände machen, aber ...
Wenn es nicht so wichtig wäre, ...
Ich weiß, dass du viel zu tun hast, aber ...
Es liegt mir sehr am Herzen, ...
Ich sehe leider keine andere Möglichkeit, als ...

Beispiel:

1 *Es liegt mir sehr am Herzen, meine Familie wiederzusehen und an der Hochzeit meiner Schwester teilzunehmen.*

g Vielleicht möchten Sie Ihrem Kommunikationspartner etwas anbieten, damit er Ihre Bitte erfüllt. Wählen Sie einen passenden Anfang und schreiben Sie.

REDEMITTEL

Im Gegenzug wäre ich bereit, ...
Selbstverständlich kann ich in Zukunft ...
Gern revanchiere ich mich für Ihr Entgegenkommen, indem ...
Dafür kann ich Ihnen anbieten, ...
Ich könnte dann auch für dich ...
Um das wiedergutzumachen, könnte ich gern ...
Gern tue ich dir auch einen Gefallen, wenn ...

Beispiel:

1 *Im Gegenzug wäre ich bereit, auf meinen schon genehmigten Urlaub in den Osterferien zu verzichten.*

h Beenden Sie Ihren Text nun freundlich und sinnvoll. Wählen Sie dazu einen passenden Schluss.

REDEMITTEL

Im Voraus vielen Dank.
Ich danke Ihnen im Voraus für Ihr Bemühen.
Schreib mir bitte so schnell wie möglich, ob das klappt.
Danke für eine kurze Info.
Ich freue mich auf Ihre Vorschläge.
Ich freue mich auf deine/Ihre Antwort.
Mit freundlichen Grüßen
Herzliche Grüße
Viele Grüße

Beispiel:

1 *Ich danke Ihnen im Voraus für Ihr Bemühen.*
Mit freundlichen Grüßen

2 Auf Anfragen aus dem eigenen Unternehmen reagieren

a Lesen Sie die folgenden Nachrichten und füllen Sie die Lücken.

An Boubacar Fouda (1)

Betreff:

Sehr geehrter Herr Fouda,

vielen Dank ……1…… Ihre Nachricht.

……2…… genehmigen wir Ihren Urlaub vom 5. bis 9. Mai in diesem Jahr, damit Sie zu Ihrer Familie nach Frankreich ……3…… können.

Ihr Angebot, auf Ihren Urlaub in den Osterferien zu verzichten, ……4…… , da ……5…… Ihr Kollege Herr Fröhn um Urlaub ……6…… hat.

Denken Sie bitte daran, in den nächsten Tagen in unserem Büro ……7…… , ……8…… einen offiziellen ……9…… auszufüllen.

(Werner, Personalabteilung)

1 a ☐ um
  b ☐ für
  c ☐ wegen

2 a ☐ Gern
  b ☐ Niemals
  c ☐ Klar

3 a ☐ reißen
  b ☐ reisen
  c ☐ reisten

4 a ☐ annehmen wir gern
  b ☐ wir nehmen gern an
  c ☐ nehmen wir gern an

5 a ☐ tatsächlich
  b ☐ echt
  c ☐ vielleicht

6 a ☐ geboten
  b ☐ gebetet
  c ☐ gebeten

7 a ☐ vorbeikommen
  b ☐ vorbeizukommen
  c ☐ vorbeigekommen

8 a ☐ ohne
  b ☐ um
  c ☐ statt

9 a ☐ Urlaubsantrag
  b ☐ Formular
  c ☐ Brief

An Julie Smits (2)

Betreff:

Hallo Julie,

……1…… können wir dieses Jahr unsere Schichten nicht ……2…… .
Ich bin im Juli zwei Wochen im Urlaub und ……3…… kommen meine Eltern zu Besuch. ……4…… können besser ……5…… allein etwas unternehmen, ……6…… muss ich abends selbst frei haben. Vielleicht ……7…… du ……8…… Irene? Sie tauscht ……9…… mit dir.

Tut mir ……10…… leid, ich hoffe, ……11…… du jemanden findest.

Viele Grüße

Helena

1 a ☐ glücklicherweise
  b ☐ dummerweise
  c ☐ schwierig

2 a ☐ tauschen
  b ☐ verwechseln
  c ☐ vertauschen

3 a ☐ dahinter
  b ☐ danach
  c ☐ bevor

4
a ☐ Sie
b ☐ Er
c ☐ Alle

5
a ☐ tagsüber
b ☐ sonntags
c ☐ mittags

6
a ☐ aber
b ☐ also
c ☐ wirklich

7
a ☐ gehst
b ☐ guckst
c ☐ fragst

8
a ☐ mal
b ☐ wohl
c ☐ eben

9
a ☐ bestimmt
b ☐ selten
c ☐ gar nicht

10
a ☐ richtig
b ☐ wirklich
c ☐ besonders

11
a ☐ weil
b ☐ indem
c ☐ dass

b Schreiben Sie selbst Antworten auf die übrigen Beispiele aus Aufgabe 1. Geben Sie Gründe an und schlagen Sie Alternativen vor, wenn Sie negativ antworten; machen Sie Einschränkungen, wenn Sie positiv antworten.

3 Bitten gegenüber Mitarbeitern aus fremden Unternehmen formulieren

a Auch wenn sich interne und externe Anfragen voneinander unterscheiden können, bleibt die Struktur von Anfragen dieselbe. Bringen Sie die Textteile unten in eine sinnvolle Reihenfolge.

☐ a Das Angebot sollte die Preise für die Lieferung und Aufstellung und natürlich für die Getränke enthalten.

☐ b Ich danke Ihnen im Voraus für Ihr Bemühen.

☐ c wir sind ein mittelgroßes Unternehmen der Logistik und haben kürzlich eine neue Niederlassung in Hamburg eröffnet.

[1] d Sehr geehrte Damen und Herren,

☐ e Ich bitte Sie daher um ein Angebot für die Lieferung und Aufstellung von fünf Getränkeautomaten (2x Heißgetränke, 2x nicht alkoholische Kaltgetränke und 1x alkoholische Kaltgetränke).

☐ f Mit freundlichen Grüßen
Patrick Wels, Paketblitz

☐ g Ein Kollege aus einem anderen Unternehmen hat mir Ihre Firma empfohlen und nachdem ich mir Ihre Webseite angesehen habe, denke ich, dass eine Zusammenarbeit möglich wäre.

☐ h Aktuell sind wir auf der Suche nach einem Dienstleister, der unseren Pausenraum und unsere Kantine für die Mitarbeiter mit Getränkeautomaten ausstattet.

☐ i Ebenfalls würde ich gern wissen, wie schnell Sie die Automaten neu befüllen können, wenn sie fast leer sind.

b Sie arbeiten in einer Praxis für Physiotherapie. Ihre Chefin hat Sie gebeten, eine Anfrage an einen Hersteller von Trainingsgeräten zu schreiben. Sie hat Ihnen dazu die folgenden Notizen an die Hand gegeben. Vergessen Sie nicht den Betreff, die Einleitung und den Schluss.

- 5 große Gymnastikbälle
- 10 Yogamatten
- 2 Punchingbälle
- 10 Sets Hanteln (2,5 kg)
- 1 Sprossenwand (inkl. Montage)

- Liefertermin?
  Montage am gleichen Tag?
- Kosten?

In vielen Berufen müssen Formulare ausgefüllt werden, um andere Mitarbeiter oder Kunden zu informieren, verbrauchte Materialien oder Produkte nachzuhalten etc. Bei der Gründung einer eigenen Firma müssen ebenfalls zahlreiche Formulare ausgefüllt werden, um als Unternehmen registriert zu werden, einen Kredit zu bekommen oder Ähnliches. Formulare werden normalerweise mit den gefragten Daten ergänzt, lange Texte muss man nicht schreiben. Es ist aber wichtig, die Felder der Formulare zu verstehen und korrekte Informationen einzutragen.

1 Typische Daten in Formularen

In vielen Formularen müssen Sie Angaben zu Ihrer Person machen. Schreiben Sie jeweils ein Beispiel hinter die Wörter.

1 Nachname: ....
2 Straße/Hausnummer: ....
3 Geburtsdatum: ....
4 Vorname: ....
5 Postleitzahl (PLZ)/Ort: ....
6 Geburtsort/-land: ....
7 Staatsangehörigkeit: ....
8 Geschlecht: ....
9 E-Mail: ....
10 Telefonnummer: ....
11 Datum: ....
12 Unterschrift: ....

2 Der Lieferschein

a Ein Lieferschein enthält die nötigen Informationen zu einer Warensendung. Markieren Sie die Informationen, die zu einem Lieferschein gehören. Sechs Informationen passen nicht dazu.

1 Preis
2 Absender
3 Bestelldatum
4 Versicherungsnehmer
5 Gefahrene Kilometer
6 Empfänger
7 Stückzahl
8 Ihr Anruf vom ...
9 Gepackt am
10 Versandart
11 Artikel-Nr.
12 Datum
13 Ausbildung
14 Ware richtig erhalten
15 Rechnungs-Nr.
16 Lieferschein-Nr.
17 Gepackt von
18 Bestellnummer
19 Betreff
20 Artikel

b Ergänzen Sie die Erklärung zu einem Lieferschein. Verwenden Sie die Wörter im Kasten.

nummeriert | Artikel | Unterschrift | Warensendung | Versand | Absenders | Erhalt | Zeitpunkt | Bestellung | Artikelnummer | Empfängers | bestellt | Liste | versendet

Ein Lieferschein ist ein Dokument, das einer .....1..... beiliegt. Normalerweise sind diese Scheine zu Dokumentationszwecken .....2..... . Der Lieferschein enthält zunächst Informationen zur .....3..... und zum .....4..... der Ware. Neben der Anschriften des .....5..... und des .....6..... wird geschrieben, wann und von wem die Ware .....7..... wurde und wie sie .....8..... wird. Auch Angaben dazu, wer die Ware zu welchem .....9..... verpackt hat, können hier gemacht werden. Es folgt eine .....10..... der versendeten .....11..... mit deren .....12..... , der Stückzahl und dem Preis. Normalerweise gibt es auch ein Feld für die .....13..... , mit der der Empfänger den korrekten .....14..... der Ware bestätigt.

3 Die Sendungsbenachrichtigung

a Mit einer Sendungsbenachrichtigung wird der Empfänger einer Sendung darüber informiert, wo sich seine Sendung befindet. Ordnen Sie die Beispiele den Wörtern 1–10 zu.

1 [e] Nachbar
2 [ ] Paketsendung
3 [ ] Wunschort
4 [ ] Zahlbetrag
5 [ ] Filiale
6 [ ] Briefsendung
7 [ ] 2. Zustellversuch
8 [ ] Zusatzleistungen
9 [ ] Vollmacht
10 [ ] Straße, Hausnummer

a Leider haben wir Sie auch beim 2. Versuch nicht angetroffen.
b Infopost 200 Stück
c Försterweg 3
d Einschreiben
e Frau Hederich, 3. OG links
f Päckchen ohne Zusatzleistung, 1 Stück
g Ich beauftrage folgende Person, meine Sendung abzuholen:
h Nachnahme 130,00 Euro
i Garage neben dem Haus
j Ihre Sendung ist in unserer Niederlassung und kann am nächsten Werktag ab 09:00 Uhr abgeholt werden.

b Sie haben eine Sendungsbenachrichtigung bekommen. Der Zusteller hat geschrieben, dass Ihre Sendung bei Ihrem Nachbarn, Herrn Wulfert, ist. Sie haben schon zweimal bei Herrn Wulfert geklingelt, aber er war nicht da. Schreiben Sie eine kurze Notiz an Ihren Nachbarn.

Lieber Herr Wulfert,
Sie haben ....1......... .
Vielen Dank dafür.
Leider habe ich Sie bis jetzt ....2......... . Könnten Sie das Paket vielleicht einfach ....3........ legen, wenn Sie ....4........? Das wäre ....5......... .
Danke und viele Grüße

4 Das Fahrtenbuch

Toma Popescu muss ein Fahrtenbuch für Firmenfahrzeuge führen. Hier wird eingetragen, wann und wofür das Fahrzeug genutzt wurde und welche Kosten dabei entstanden sind. Erklären Sie die Wörter aus Tomas Fahrtenbuch anhand der Fragen rechts.

1 [h] Datum
2 [ ] Fahrzeit von – bis
3 [ ] Fahrstrecke/Reiseziel
4 [ ] Zweck der Reise – Fahrer/Begleiter
5 [ ] km-Stand (Fahrtbeginn)
6 [ ] km-Stand (Fahrtende)
7 [ ] gefahrene km (geschäftlich/privat/Wohnung – Arbeit)
8 [ ] Kraftstoff – Liter/Betrag
9 [ ] sonstige Ausgaben – Betrag/Zweck

a Wie viel Geld wurde ausgegeben? Wofür?
b Von wo nach wo ging die Fahrt?
c Wie viele Kilometer wurden gefahren? War die Fahrt privat, geschäftlich oder von der Wohnung zur Arbeit?
d Warum wurde die Fahrt unternommen? Wer ist gefahren? Wer ist mitgefahren?
e Wie viele Kilometer standen bei Fahrtbeginn auf dem Tacho?
f Wie viel Kraftstoff wurde getankt? Wie viel hat das gekostet?
g Wie war der Kilometerstand bei Fahrtende?
h An welchem Tag hat die Fahrt stattgefunden?
i Von wann bis wann hat die Fahrt gedauert?

Beispiel:
1 *Toma trägt ein, an welchem Tag die Fahrt stattgefunden hat.*

5 Die Bestandsliste

Eine Bestandsliste dokumentiert, welche Gegenstände im Betrieb vorhanden sind, wie viele davon verbraucht/ausgegeben wurden, wofür bzw. an wen, und wie viele am Ende des Tages noch vorhanden sind. Bestandslisten werden in manchen Betrieben von Hand geführt, in anderen benutzt man dafür eine Software, sodass die Informationen direkt im Computersystem verfügbar sind.

Überlegen Sie, welche Gegenstände in welchen Betrieben auf der Bestandsliste stehen.

Datum	Artikel	Bestand	ausgegeben	an	neuer Bestand
04.04.20xx	Schutzhelm	26	2	Frank Schütz	24

Betriebe

1 ▢▢ Hotel
2 ▢▢ Lager
3 ▢▢ Krankenhaus
4 ▢▢ Kfz-Werkstatt
5 ▢▢ Tischlerei
6 ▢▢ IT-Abteilung
7 ▢▢ Friseursalon
8 ▢▢ Bäckerei
9 ▢▢ Elektromarkt
10 ▢▢ Büro

Gegenstände

a Mitarbeiter-Laptops
b Pflegerkittel
c Briefumschläge
d Schraubenschlüssel
e Saftflaschen
f Spielkonsolen
g Europaletten
h Mehlsäcke
i Kellnerschürzen
j Medikamente
k Shampooflaschen
l Sicherheitsschuhe
m Gehörschutz
n Ölkannen
o Schleifpapier
p Firmenhandys
q Zucker
r Rasierschaum
s Kaffeemaschinen
t Ablageordner

6 Die Unternehmensgründung

Unterstützung bei der Unternehmensgründung erhalten Sie entweder bei der Agentur für Arbeit oder bei den sogenannten Kammern. Diese Institutionen vertreten, unterstützen und beraten verschiedene Berufsgruppen.

a Schreiben Sie, welche Angebote man bei einer Kammer finden kann. Formulieren Sie Alternativen.

Bildungs- und Beratungsangebot:

- Information zur Unternehmensgründung
- Information zu notwendigen Genehmigungen für die Gründung
- Gründerberatung
- Gründerseminare
- Vermittlung von Ausbildungsstellen
- Weiterbildungsangebote
- Rechtsberatung
- Finanzierungsberatung

Beispiel:

– Bei der Kammer kann man sich über die Unternehmensgründung informieren. /
Die Kammer bietet Information zur Unternehmensgründung an. /
Bei der Kammer kann man erfahren, wie man ein Unternehmen gründet.

b Zwei wichtige Kammern in Deutschland sind die Industrie- und Handelskammer (IHK) und die Handwerkskammer (HWK). Überlegen Sie, welche Kammer für welches Unternehmen zuständig ist, und ordnen Sie zu.

Kammern

1 Industrie- und Handelskammer (IHK) ☐☐☐☐☐

2 Handwerkskammer (HWK) ☐☐☐☐☐

Unternehmen

a Ladengeschäft
b Kfz-Werkstatt
c Friseursalon
d Kiosk
e Metallverarbeitungsbetrieb
f Installateurbetrieb
g Malerbetrieb
h Fachgeschäft für Malerbedarf
i Umzugsunternehmen
j Dachdeckerfirma

7 Formulare für die Unternehmensgründung

Wenn Sie ein eigenes Unternehmen gründen möchten, müssen Sie Genehmigungen und eventuell Kredite beantragen und Ihr Unternehmen registrieren lassen. Dazu gibt es normalerweise fertige Formulare. Im Folgenden finden Sie Beispiele für die wichtigsten Anträge zur Unternehmensgründung.

a **Die Gewerbeanmeldung:** Mit diesem Formular melden Sie Ihr Unternehmen bei den Behörden an. Neben den Angaben zu Ihrer Person nennen Sie den Firmennamen und die Rechtsform und machen Angaben zu Ihrem zukünftigen Betrieb. Das Formular für die Gewerbeanmeldung finden Sie auf den Internetseiten Ihres Wohnortes. Ordnen Sie die folgenden Rechtsformen den Erklärungen zu.

Rechtsformen:

1 ☐ Gesellschaft bürgerlichen Rechts (GbR)

2 ☐ Einzelunternehmen

3 ☐ Gesellschaft mit beschränkter Haftung (GmbH)

Erklärungen:

a Das Unternehmen benötigt ein Stammkapital von mindestens 25 000 Euro, davon müssen bei der Gründung mindestens 12 500 Euro eingezahlt werden. Es erfolgt ein Eintrag in das Handelsregister. Das Unternehmen haftet nur mit dem Gesellschaftsvermögen.

b Das Unternehmen benötigt kein festes Kapital, die Gründer haften mit ihrem Privatvermögen. Zur Gründung sind mindestens zwei Personen erforderlich.

c Das Unternehmen wird von einer Person gegründet, die mit ihrem Privatvermögen haftet. Festes Kapital ist nicht erforderlich.

b Wo tragen Sie die folgenden Informationen ein? Ordnen Sie zu.

1 ☐ Habichtweg 77, 50777 Köln
2 ☐ Handel mit peruanischen Schnellgerichten
3 ☐ Hugo Moreno
4 ☐ 02.07.20xx, Ausländerbehörde Köln

a Ausstellungsdatum und erteilende Behörde
b Angemeldete Tätigkeit
c Name/Vornamen
d Betriebsstätte

c Schauen Sie sich eine Gewerbeanmeldung im Internet an und füllen Sie sie aus. Überlegen Sie vorher, welches Unternehmen Sie gründen möchten, und machen Sie die entsprechenden Angaben.

d **Der Kreditantrag:** In einem Kreditantrag stellen Sie Ihren Finanzierungsplan vor. Das bedeutet, dass Sie die Kosten für die Gründung Ihres Unternehmens auflisten und erklären müssen, welche finanziellen Mittel Sie schon haben und welche Sie noch brauchen. Lesen Sie die Erklärungen und schreiben Sie Beispiele für verschiedene Unternehmen.

1 Grunderwerbskosten fallen an, wenn man ein Stück Land bzw. ein Gebäude kaufen möchte.

2 Gewerbliche Baukosten fallen an, wenn man ein Gebäude neu gestalten möchte.

3 Kosten für Maschinen, Geräte, Einrichtungen, Fahrzeuge fallen an, wenn das Unternehmen diese Gegenstände braucht.

4 Materialkosten/Lagerinvestitionen entstehen, wenn ein Unternehmen Materialien (z. B. Holz) für die Produktion braucht und diese lagern muss.

5 Kosten für die Übernahme/den Kauf von Unternehmensanteilen entstehen, wenn man eine existierende Firma kaufen möchte.

6 Kosten für Arbeits-/Ausbildungsplätze entstehen, wenn das Unternehmen Mitarbeiter braucht.

Beispiel:

1 *Der Unternehmer möchte eine Lagerhalle mit Parkplatz kaufen.*

e Als Nächstes wird berechnet, woher welches Geld kommt. Ergänzen Sie die Worterklärungen.

1 **Eigene Mittel** sind das Geld, das der Firmengründer selbst ……………… .

2 **Öffentliche Mittel** sind das Geld, das man ………………, z. B. ein Gründungszuschuss.

3 **Bankkredite** sind das Geld, ……………… .

f Auch in einem Kreditantrag muss man sein Unternehmen möglichst genau beschreiben. Lesen Sie folgendes Beispiel und schreiben Sie Beispiele für die anderen Unternehmen unten.

Unternehmensbeschreibung: Eröffnung eines Friseursalons

Der Salon liegt mitten in einem Wohn- und Geschäftsgebiet einer Großstadt, vergleichbare Betriebe gibt es in der Nähe nicht. Der Betrieb soll auf Männer spezialisiert sein, da aktuell auch die Bartpflege eine große Einnahmequelle sein kann. Mit fünf Behandlungsplätzen handelt es sich um einen Salon der mittleren Größe. Ich plane späte Öffnungszeiten, da viele Kunden nach der Arbeit zum Friseur gehen.

Andere Unternehmen:

1 Kiosk

2 Fahrschule

3 Renovierungsunternehmen

4 Café

5 Lebensmittelgeschäft

Verhandlungen gehören zum Geschäftsleben. Sie beziehen sich normalerweise auf ein Angebot, das vorher gemacht wurde. Es gibt Verhandlungen zwischen Kollegen, z. B. über den Tausch von Schichten, über eine Vertretung oder darüber, wer welche Aufgaben übernimmt. Diese Verhandlungen werden formell oder informell geführt. Manchmal passiert das per E-Mail, oft auch per SMS. Verhandlungen zwischen Geschäftspartnern beziehen sich meist auf Preise, Lieferbedingungen, Fristen etc. Sie werden normalerweise in einem formellen Stil geschrieben.

1 Schnelles Verhandeln im SMS-Chat

a In dem Elektromarkt, in dem auch Fayyad Hadji arbeitet, haben die Verkaufsmitarbeiter einen SMS-Chat, um sich schnell über Arbeitspläne, Krankheit etc. austauschen zu können. Fayyad möchte seine Schicht am Freitag dieser Woche tauschen und bietet an, dafür am Samstag zu arbeiten. Er schreibt die folgende SMS:

Elektro Hansen
Fayyad, Fiza, Thomas, Werner, ...

Hallo zusammen, ich habe für Freitag überraschend einen Termin beim Zahnarzt bekommen. Könnte mich da vielleicht einer von euch im Markt vertreten? Der Termin ist sehr wichtig. Ich kann auch gern gegen Samstag tauschen, dann hättet ihr am Wochenende frei. Danke und LG, Fayyad

Bald darauf melden sich die Kollegen. Ergänzen Sie die Chat-Nachrichten.

Fiza
.......1......., ich habe leider die ganze Woche Urlaub und ....2....... Hamburg. Sorry! Viel Glück beim Zahnarzt und ....3.......!
LG, Fiza

1 a ☐ Guten Tag Fayyad
b ☐ Guten Abend Fayyad
c ☐ Hey Fayyad

2 a ☐ komme nicht zu
b ☐ bin nicht in
c ☐ habe keine Zeit

3 a ☐ bis nächste Woche
b ☐ bis später
c ☐ bis Freitag

Thomas
Hallo Fayyad, ich ....4....... dich vielleicht vertreten. Aber diese Woche Samstag ....5....... ich schon frei. Kannst du vielleicht nächste Woche Samstag ....6....... arbeiten?
Gruß, Thomas

4 a ☐ könnte b ☐ müsste c ☐ dürfte
5 a ☐ bin b ☐ werde c ☐ habe
6 a ☐ bei mir b ☐ für mich c ☐ mit mir

Werner
Das ist ja ....7........ blöd. Erst wartet man ewig auf einen Termin und dann muss ....8........ alles ganz schnell gehen. Ich könnte Freitagvormittag für dich ....9........, aber um 14:00 Uhr muss ich weg. ....10........ dir das vielleicht?
VG, Werner

7 a ☐ typisch b ☐ wirklich c ☐ nicht
8 a ☐ plötzlich b ☐ nie c ☐ selten
9 a ☐ aufspringen b ☐ abspringen c ☐ einspringen
10 a ☐ Gehört b ☐ Passiert c ☐ Hilft

Vielen Dank für die ....11........ Antworten! Thomas, nächste Woche Samstag ist ....12........, da ist ja das lange ....13........ und ich möchte ....14........ . Hab ....15........ ein Bahnticket gekauft. Brauchst du vielleicht noch für einen ....16........ Tag eine Vertretung?

11 a ☐ baldigen b ☐ schönen c ☐ schnellen
12 a ☐ wichtig b ☐ schwierig c ☐ wirklich
13 a ☐ Feiertag b ☐ Geschäft c ☐ Wochenende
14 a ☐ wegfahren b ☐ fahren weg c ☐ weggefahren
15 a ☐ noch b ☐ lange c ☐ schon
16 a ☐ nächsten b ☐ anderen c ☐ verschiedenen

Werner, ich ....17........ nicht sicher, was der Zahnarzt macht und ....18........ ich am Nachmittag schon wieder arbeiten kann. Kannst du wirklich nicht ....19........?

17 a ☐ habe b ☐ kann c ☐ bin
18 a ☐ wenn b ☐ ob c ☐ dass
19 a ☐ länger b ☐ lang c ☐ öfter

Werner
Nee, tut mir ....20........ . Ich muss meiner Oma im Garten ....21........, das habe ich ihr ....22........ . Samstag muss ich früh arbeiten, da bleibt ....23........ nur wenig Zeit.

20 a ☐ weh b ☐ gut c ☐ leid
21 a ☐ arbeiten b ☐ helfen c ☐ unterstützen
22 a ☐ versprechen b ☐ versprochen c ☐ versprachen
23 a ☐ immerhin b ☐ manchmal c ☐ sowieso

Thomas
Fayyad, du kannst ....24........ am Samstagabend noch wegfahren. Wie ....25........ es, ...26........ ich dir das Geld für ein neues Ticket gebe? An dem langen Wochenende ....27........ mich meine Freundin und es ....28........ super, wenn ich mehr Zeit für sie hätte.

24 a ☐ eben b ☐ doch c ☐ mal
25 a ☐ ist b ☐ hätte c ☐ wäre
26 a ☐ wenn b ☐ dass c ☐ ob
27 a ☐ kommt b ☐ fährt c ☐ besucht
28 a ☐ wäre b ☐ ist c ☐ könnte

Werner, kann ich ....29........ nicht am Samstag für dich arbeiten und du fährst zu deiner Oma? ....30........ hättest du auch mehr Zeit für den Garten. Was ....31........ du davon?

29 a ☐ dann b ☐ immer c ☐ schließlich
30 a ☐ Denn b ☐ So c ☐ Gar
31 a ☐ meinst b ☐ meinen c ☐ hältst

Werner
Ich habe Samstag zwei ....32.......... für das HSV-Spiel und mache schon mittags Feierabend. Das ....33.......... leider nicht. ....34.......... will meine Oma das vor dem Wochenende erledigen.

32 a ☐ Plätze b ☐ Karten c ☐ Pläne
33 a ☐ läuft b ☐ geht c ☐ will
34 a ☐ Außerdem b ☐ Und c ☐ Trotzdem

OK, dann ....35.......... ich mal, ob ich das Bahnticket ....36.......... kann. Thomas, ich hoffe, ...37.......... deine Freundin dich überhaupt so ....38.......... sehen will, haha. Werner, dir wünsche ich viel Spaß beim Rasenmähen! Danke euch allen und LG

35 a ☐ suche b ☐ gucke c ☐ sage
36 a ☐ austauschen b ☐ vertauschen c ☐ umtauschen
37 a ☐ ob b ☐ dass c ☐ wenn
38 a ☐ lange b ☐ länger c ☐ öfter

Thomas
..........39.......... witzig, Fayyad. Aber gut, dann ....40.......... wir das so. ....41.......... dir und viel Glück beim Zahnarzt!

39 a ☐ Viel b ☐ Schwer c ☐ Sehr
40 a ☐ machen b ☐ tun c ☐ haben
41 a ☐ Bitte b ☐ Gern c ☐ Danke

b Trainieren Sie gemeinsam schnelle Reaktionen für Angebote und Verhandlungen unter Kollegen. Sie können das in Kleingruppen mit Smartphones machen oder ein Blatt Papier benutzen. Der Erste schreibt sein Angebot auf das Blatt und gibt es weiter. Der Zweite liest die Nachricht und schreibt eine Reaktion usw. Überlegen Sie sich vorher, was Sie mit Ihrer Verhandlung erreichen möchten und wie Sie auf Angebote der anderen reagieren. Hier finden Sie drei Themenvorschläge.

1 Sie möchten im Hotel nicht mehr die Frühschicht übernehmen. Bieten Sie den Kollegen an, gegen die Spätschicht zu tauschen.

2 Zwei Kollegen müssen am Freitag länger im Lager bleiben, weil eine späte Tour vorbereitet werden muss. Der Chef bietet bezahlte Überstunden an.

3 Ihre Firma muss am Samstag eine große Wohnung fertig renovieren, weil die Familie am Montag einzieht. Dafür müssen zwei Kollegen noch Wände und die Decke streichen.

2 Ausführliches Verhandeln per E-Mail

a Die Firma Tenner Sicherheitsdienste hat für ihre Mitarbeiter einen E-Mail-Verteiler eingerichtet, um einen schnellen Kontakt zwischen der Leitung und den Mitarbeitern zu ermöglichen. Lesen Sie folgende Notizen und schreiben Sie die E-Mail in ganzen Sätzen.

- Auftrag: beim Festival „Hip Hop am See“ für die Sicherheit sorgen
- Ort/Termin: 23.–26.06.20xx am Heuersee
- Veranstalter rechnet mit 20.000 Besuchern
- Lohn: 350,00 Euro + Unterkunft und Verpflegung für die ganze Veranstaltung
- Zeit/Interesse?

Gebraucht werden:
- 20 Männer und 20 Frauen für die Einlasskontrollen und die Sicherheit auf dem Konzertgelände
- 20 Personen für die Sicherheit auf dem Campinggelände
- je 10 Personen für die Sicherheit backstage und vor den beiden Bühnen
- 10 Wachleute für das ganze Gelände über Nacht

Von: maren@tenner-sicherheitsdienste.de
An: Mitarbeiter Sicherheit
Betreff: Personal für Festival gesucht

Hallo zusammen,

wir haben gerade den Auftrag bekommen, beim Festival „Hip Hop am See“ für die Sicherheit zu sorgen.

Das Festival ...

Laut dem Veranstalter ...

Wir ...:

20 Männer und 20 Frauen sollten ...

Außerdem ... sowohl ... als auch ...

Schließlich ...

Wir würden ...

Wer von euch ...?

Bitte meldet euch schnell.

Viele Grüße

Maren

b Sie haben schon einige Male für Tenner Sicherheitsdienste gearbeitet und interessieren sich für das Angebot, allerdings möchten Sie einen besseren Lohn bekommen und brauchen weitere Informationen. Schreiben Sie zunächst ein paar Notizen dazu.

- 450,00 Euro angemessen
- Begründung:
  - ...
  - ...

- weitere Fragen:
  - Anreise?
  - ... ?
  - ... ?

c Schreiben Sie eine E-Mail an Maren. Erklären Sie, warum Sie an dem Wochenende mindestens 450,00 Euro verdienen wollen. Bitten Sie um weitere Informationen zur Durchführung des Festivals und nennen Sie die Aufgabe, die Sie übernehmen möchten. Vergessen Sie nicht, einen Betreff, eine Einleitung und einen Schluss zu schreiben.

3 Formelle Angebote und Verhandlungen per E-Mail

a Schauen Sie sich in Modul 2 (Anfragen und Bitten) die Anfrage auf Seite 16, Aufgabe 3a, noch einmal an. Sie sollen für Ihre Firma ein Angebot für den potenziellen Kunden erstellen. Dazu haben Sie folgende Informationen bekommen:

Lieferung/Aufstellung kostenlos ab 50 Mitarbeiter im Betrieb
- Preisbestimmung durch uns
- Kaffee etc. 1,50 Euro pro Portion
- Kaltgetränke 2,00 Euro/0,5l
- Bier 1,80 Euro/0,5l

Vorteile:
- Rundum-Service (Füllung, Wartung, Reinigung)
- keine Kosten für Auftraggeber

b Schreiben Sie ein formelles Angebot. Die Redemittel können Ihnen dabei helfen.

REDEMITTEL

Einleitung
vielen Dank für Ihre Anfrage. Gern bieten wir Ihrem Unternehmen das Folgende an:
wir freuen uns, dass Sie mit uns zusammenarbeiten möchten, und bieten daher wie folgt an:

Hauptteil
Eine attraktive Lösung ist aus unserer Sicht ...
Es könnte für Ihr Unternehmen interessant sein, ...
Die einfachste und bequemste Lösung wäre ...

In diesem Fall ...
Wenn Sie sich dafür entscheiden, ...
Sollten Sie diese Lösung interessant finden, ...

Sie profitieren nicht nur von ..., sondern auch von ...
Ein Vorteil dabei ist ... Außerdem ...
Zu den Vorteilen dabei zählen ... sowie ...

Schluss
Selbstverständlich bietet unser Unternehmen noch weitere Lösungen an. Zögern Sie nicht, uns anzusprechen.
Dieses Angebot ist ein Beispiel für unsere zahlreichen Dienstleistungen. Gern besprechen wir mit Ihnen weitere Möglichkeiten einer Zusammenarbeit.

Wir freuen uns auf Ihre Rückmeldung.
Wir stehen Ihnen jederzeit gern für weitere Informationen zur Verfügung.

c Patrick Wels von der Firma Paketblitz findet das Angebot interessant und antwortet auf die E-Mail. Er möchte allerdings günstigere Preise für die Getränke verhandeln oder die Preise selbst bestimmen. Ergänzen Sie seine E-Mail.

Von:
An: vertrieb@die-erfrischer.de
Betreff: Ihr Angebot vom 03.11.20xx

Sehr geehrter Herr ...,

.......1....... für Ihr Angebot. Das ....2....... tatsächlich eine interessante Lösung für unser Unternehmen sein.

.......3....... habe ich dazu noch ein paar Fragen: ....4....... sind aktuell über 150 Mitarbeiter beschäftigt, die ....5....... die Kantine und den Pausenraum ....6....... .
.......7....... rechnen wir mit einer ....8....... Nutzung der Getränkeautomaten.

Die Getränkepreise in Ihrem Angebot ....9....... mir eher für kleine Verkaufsmengen gedacht zu sein. ....10....... Menge können Sie uns einen ....11....... bei den Preisen für die Getränke anbieten?

.......12....... würde ich gern wissen, wie oft die Reinigung der Automaten erfolgt und ob Sie bei Problemen auch ....13....... zur Verfügung stehen.

.......14....... für eine kurze Information dazu.

Mit freundlichen Grüßen

Patrick Wels, Paketblitz

d Wenn Sie Ihre Schreibfertigkeiten weiter trainieren möchten, können Sie nochmals auf diese E-Mail antworten und speziellere Preise anbieten. Nennen Sie dann auch Bedingungen für diese Preise. Patrick Wels kann noch einmal antworten und das Angebot akzeptieren oder ablehnen.

Durch Arbeitsanweisungen erklären Sie anderen Mitarbeitern ihre Aufgaben. Das kann z. B. nötig sein, wenn ein neuer Mitarbeiter ins Unternehmen kommt. Auch wenn Sie selbst in Urlaub fahren oder den Arbeitsplatz verlassen, müssen Sie manchmal die Aufgaben beschreiben, die Ihre Vertretung/Ihr Nachfolger übernehmen soll. Wenn Sie in einem Team arbeiten, müssen Sie häufig auch Aufgaben verteilen und Ihren Kollegen erklären, wer für welche Arbeiten verantwortlich ist. Je nach Verhältnis zu den anderen Mitarbeitern werden Anweisungen in einem halbformellen oder formellen Stil geschrieben. Oft werden auch unpersönliche Formulierungen benutzt. Schließlich ist zunächst wichtig, was gemacht werden soll.

1 Was muss gemacht werden?

a Nächste Woche übernimmt einer der Auszubildenden im Altstadthotel Altona den Arbeitsplatz an der Bar und Malaika Hadrawi wechselt in eine andere Abteilung. Sie hat für den Arbeitsbeginn und das Arbeitsende immer eine Checkliste benutzt und möchte dem Kollegen per E-Mail erklären, worauf er bei der Arbeit achten muss. Schreiben Sie die Informationen auf dieser ersten Checkliste in der „Du"-Form. Verbinden Sie die Sätze.

Arbeitsbeginn 17:00 Uhr

- Wechselgeldkassette, Kühlschrankschlüssel und Bestandsliste bei Frau Wirsch im Büro abholen
- Kaffee- und Eismaschine einschalten
- Stühle herunterstellen
- Bestandsliste kontrollieren
- volle Flaschen durchzählen und mit Liste vergleichen
- Abweichungen in Liste eintragen
- Spülmaschine ausräumen
- Gläser polieren
- Schälchen mit Nüssen vorbereiten
- Getränkekarten auf Tischen und Bar verteilen
- Obst klein schneiden und in Schalen füllen
- Cocktailgeschirr (Shaker, Schneidebrett, Messbecher, Sieb etc.) bereitlegen
- Saft- und Sirupflaschen in die Kühltheke stellen
- Wechselgeld nachzählen
- Zapfanlage testen

Beispiel:

Lieber Jan,
du musst zuerst die Wechselgeldkassette, die Schlüssel für die Kühlschränke und die Bestandsliste bei Frau Wirsch im Büro abholen. Dann gehst du in die Bar und ...

b Schreiben Sie jetzt die Informationen auf dieser zweiten Checkliste im Passiv.

Schlussdienst 01:00 Uhr

- Kaffeemaschine, Eiscrusher und Blender reinigen
- Tische abräumen
- Kaffee- und Eismaschine ausschalten
- Gläser in Spülmaschine räumen, Spülmaschine einschalten
- Flaschen aus der Kühltheke wieder in den Kühlschrank stellen
- Kühlschränke auffüllen, volle Flaschen in Bestandsliste eintragen
- Theke aufräumen und reinigen, Stühle hochstellen
- Kühlschränke abschließen
- Abrechnung machen, Kassette mit Abrechnung im Tresor einschließen
- Bestandsliste auf Frau Wirschs Schreibtisch legen
- Licht ausmachen

Beispiel:

Die Kaffeemaschine, der Eiscrusher und der Blender müssen gereinigt werden. Danach ...

2 Eine halbformelle Arbeitsanweisung schreiben

a Toma Popescu wechselt nächste Woche zu einer anderen Baustelle und schreibt an seinen Kollegen, was auf der aktuellen Baustelle noch erledigt werden muss. Vervollständigen Sie seine E-Mail anhand der Stichpunkte.

Von:

An: f.gerner@sanitaer-moeller.de

Betreff: Letzte Arbeiten auf Baustelle Grüner Weg 7

Hallo Fred,

wie du weißt, bin ich ab nächster Woche nicht mehr auf der Baustelle Grüner Weg dabei. Ein paar Dinge müssen dort aber unbedingt noch vor der Übergabe am Mittwoch, dem 6. Juni, erledigt werden.

Das Wichtigste ist, ...1...... (Heizungsanlage kontrollieren). Dazu ......2...... (zuerst Wasserdruck an der Pumpe messen). ......3...... (dann alle Heizkörper für eine Stunde voll aufdrehen und Temperaturanzeige ablesen).

Wenn es irgendwo nicht warm wird, ...4...... (Heizkörper nochmals entlüften).

Außerdem habe ich gesehen, dass in den Sanitärräumen im 2. Stock noch die Abluftgitter fehlen. Die ......5...... (bitte noch anbringen). Ihr findet sie im Materialcontainer neben der Zufahrt.

......6...... (schließlich Wasserdruck überprüfen). Am besten stellt ihr den Haupthahn zuerst auf das untere Drittel und testet dann die Wasserhähne auf jeder Etage. Die Versorgungshähne für die einzelnen Etagen ......7...... (natürlich weit aufdrehen).

Ihr habt ja noch zwei Tage Zeit, das sollte also kein Problem sein.

Viel Erfolg und schöne Grüße

Toma

b Schreiben Sie nun selbst eine E-Mail an einen Kollegen, in der Sie Aufgaben erklären und den Kollegen auffordern, diese zu erledigen. Sie können aus den Stichpunkten unten wählen oder sich eine eigene Anweisung ausdenken. Denken Sie daran, die Informationen zu verbinden.

1 Marita Wörner, Kundenbetreuerin bei Tillers Bürobedarf, schreibt an ihre Kollegin Hella Schwarz

2 Herbert Sinz, Lagerleiter des Möbelhauses Wohntraum, schreibt an das Team Lieferung und Montage

3 Kathrin Stankovskij, Gruppenleiterin im Kindergarten, schreibt an zwei Erzieherinnen

1

- Montag auf Dienstreise
- Anrufe annehmen
- Mails beantworten
- neues Angebot an Firma Winkler schicken, 3 % Nachlass für treue Kunden

2

- Lieferung an Familie Kunz, Dienstag, 03.07.20xx (Küche und Wohnzimmermöbel)
- Küche montieren und anschließen
- Wohnzimmerschrank aufbauen

3

- Ausflug in den Zoo organisieren (12.06.20xx)
- Zoo anrufen und nach Preisen für Kindergruppen fragen (vielleicht Freikarten? Nachlässe?)
- Erlaubnis von den Eltern einholen (Erlaubnisschreiben vorbereiten und zum Unterschreiben ausdrucken)
- Aktivitäten zur Vorbereitung für die Kinder überlegen

3 Eine formelle Anweisung schreiben

a Im Anschluss an eine Modemesse hat die Vodega GmbH einige Geschäftspartner aus Südamerika nach Hamburg eingeladen. Anita Jiménez hat von ihrer Chefin die folgende E-Mail erhalten:

Von:
An: a.jimenez@vodega.de
Betreff: Besuch unserer Geschäftspartner aus Südamerika am 23.09.20xx

Liebe Frau Jiménez,

wie Sie ja bereits wissen, kommen am o.g. Tag unsere Geschäftspartner von den Textilfabriken in Chile und Argentinien zu Besuch und bleiben drei Tage in Hamburg.

Da Sie sehr häufig mit den Kolleginnen und Kollegen Kontakt haben, beauftrage ich Sie mit der Organisation dieses Besuchs. Dazu müssten Sie sich bitte um Folgendes kümmern:

Die Gruppe (sechs Männer und vier Frauen) kommt am Sonntagnachmittag um 15:12 Uhr am Hamburger Hauptbahnhof an und muss dort empfangen werden. Danach fahren Sie am besten mit dem Taxi zum Hotel Carrington, in dem die Gäste untergebracht sind. Im Hotel müssen noch vier Doppel- und zwei Einzelzimmer mit Frühstück gebucht werden.

Das Programm für den Besuch habe ich Ihnen angehängt. Bitte sorgen Sie dafür, dass sich jeweils ein Mitarbeiter Ihres Teams um die markierten Punkte kümmert, und schicken Sie mir möglichst bald eine Aufstellung, wer für welchen Punkt zuständig ist.

Vielen Dank im Voraus und herzliche Grüße

Helga Rommerskirchen

b Schreiben Sie Anitas Antwort an ihre Chefin. Bestätigen Sie kurz, dass Sie ihre E-Mail erhalten haben und sich um alles kümmern werden. Nennen Sie auch einen Zeitpunkt, bis zu dem Anitas Chefin mit Ihrer Aufstellung rechnen kann.

c Anita wählt Kollegen bei der Vodega GmbH aus, die einzelne Aufgaben übernehmen sollen. Ergänzen Sie Anitas E-Mail mit den Verben aus dem Kasten. Achten Sie auf die richtigen Formen.

kennenlernen | erwarten | sein | denken | abholen | haben | vertiefen | übernehmen | wünschen

Von:
An: e.vasquez@vodega.de
Betreff: Besuch unserer Geschäftspartner aus Südamerika vom 24.09. bis 26.09.20xx

Lieber Herr Vásquez,

an den drei o.g. Tagen ……1…… das Unternehmen unsere Geschäftspartner aus Chile und Argentinien hier im Haus zu Gesprächen und einem Besichtigungsprogramm. Ich habe mir ……2……, dass Sie die Gäste jeweils morgens im Hotel ……3…… und mit ihnen zusammen in die Firma gehen könnten. Das Hotel ist nur ca. 10 Minuten von uns entfernt. Sie ……4…… am besten dafür geeignet, weil Sie fließend Spanisch sprechen.

Außerdem ……5…… ich gern, dass Sie an allen drei Tagen mit den Gästen und mir zu Mittag essen. Die Firma ……6…… sich, dass wir uns dabei alle besser ……7…… und auf diese Weise unsere Zusammenarbeit ……8…… .

Schreiben Sie mir doch bitte kurz, ob Sie diese Aufgaben ……9…… können.

Vielen Dank im Voraus und herzliche Grüße

Anita Jiménez

d Lesen Sie den folgenden Programmausschnitt und ergänzen Sie anschließend die E-Mail.

Dienstagnachmittag: Hafenrundfahrt

Aufgaben:

- 12 Plätze für eine Hafenrundfahrt reservieren (zwischen 14:00 und 18:00 Uhr)
- Fahrt zum Hafen organisieren
- Rückfahrt zum Hotel organisieren
- Gäste betreuen (unterhalten, Getränke anbieten etc.)

Von:
An: j.breitkopf@vodega.de
Betreff: Besuchsprogramm für unsere Gäste am Dienstag, 25.09.20xx

Liebe Frau Breitkopf,

da Sie als Praktikantin etwas flexibler sind, habe ich Sie ausgewählt, am o.g. Dienstag eine Hafenrundfahrt mit unseren Gästen aus Argentinien und Chile durchzuführen. Herr Kleber vom Einkauf wird Sie begleiten. Bitte kümmern Sie sich darum, ……1…… .

Die Fahrt sollte ……2…… und nicht länger als zwei Stunden dauern.

Außerdem ……3…… die Fahrt von hier zum Hafen und von dort zurück ins Hotel Carrington. Am besten beauftragen Sie einen Shuttle-Service.

Während des Nachmittags bitte ich Sie, ……4…… . Da Sie schon sehr gut Spanisch sprechen, sollten Sie ……5…… .

Für Herrn Kleber müssen Sie vielleicht ……6……, weil er nicht so viel Spanisch spricht.

Vergessen Sie bitte auch nicht, unseren Gästen während der Rundfahrt ……7…… .

Wenn Sie Fragen haben, können Sie sich gern bei mir melden.

Mit freundlichen Grüßen

Anita Jiménez

e Schreiben Sie nun eine vollständige E-Mail an Karima Laudani, die Büroassistentin. Verwenden Sie dazu den Ausschnitt aus dem Programm.

Mittwochvormittag: Werkspräsentation unserer Gäste aus Chile

(Unser Partner in Chile hat vor Kurzem eine neue Textilfabrik eröffnet
und die Mitarbeiter würden gern das Werk und die neuen Produkte vorstellen.)

Aufgaben:
- großen Konferenzraum reservieren (10:00 bis 12:30 Uhr)
- Einkaufsabteilung einladen
- Dolmetscher (Deutsch–Spanisch) beauftragen
- Kaffee, Kekse und Wasser besorgen und Tische eindecken
- Technik kontrollieren

Von:
An: k.laudani@vodega.de
Betreff: ……………………

Liebe Frau Laudani,

……………………

……………………

……………………

Hin und wieder kommt es vor, dass Sie am Arbeitsplatz Einladungen schreiben oder auf Einladungen reagieren möchten. Vielleicht planen Sie eine Firmenfeier, einen Abend mit den Kollegen, ein Sommerfest, eine Weihnachtsfeier oder Sie möchten an Ihrem Geburtstag mit anderen Mitarbeitern feiern. Manchmal laden Firmen auch ihre Kunden zu einer Feier ein oder Pflege- und Betreuungseinrichtungen veranstalten Feste mit Patienten, Kindern, Jugendlichen und deren Angehörigen.

Wenn Sie selbst eine Einladung erhalten, sollten Sie freundlich darauf reagieren und schreiben, ob Sie kommen können oder nicht. Einladungen und die Antworten darauf können formell oder informell geschrieben werden. Sie müssen also vorher überlegen, welche Beziehung Sie zu Ihrem Kommunikationspartner haben.

1 Eine informelle Einladung schreiben

a Vorbereitung der Einladung: Nanh Nguyen hat in drei Wochen Geburtstag und möchte seine Kollegen aus dem Pflegeheim zu einer kleinen Feier am Arbeitsplatz einladen. Er schreibt eine informelle E-Mail an alle Mitarbeiter. Ordnen Sie die Notizen zu.

1 ☐ der Anlass

2 ☐ die zusätzliche Information

3 ☐ der Termin

4 ☐ die Bitte um Antwort

a – 3. Juli 19:00 Uhr (nach dem Abendessen der Heimbewohner)
b – Geburtstag
c – bis zum 20. Juni Bescheid sagen
d – vietnamesische Grillsnacks

b Hier finden Sie einige Beispiele für Betreff, Grußformeln und einzelne Teile des Textes. Wählen Sie aus den Redemitteln (1–8) den jeweils passenden Ausdruck oder Satz aus. Denken Sie daran, dass Nanh eine informelle Einladung an seine Kollegen schreibt.

REDEMITTEL

1
Sehr geehrte Damen und Herren,
Lieber Herr Kern,
Liebe Kolleginnen und Kollegen,

2
Im Garten der Einrichtung werden dazu vietnamesische Grillsnacks und kalte Getränke serviert.
Dazu grillen wir in unserem Garten vietnamesische Snacks und Getränke gibt es natürlich auch.
Wir servieren Ihnen im Garten ein reichhaltiges Asia-Büfett und Getränkespezialitäten.

3
Ich freue mich, wenn ihr Zeit und Lust habt.
Auf zahlreiche Zusagen freuen wir uns sehr.
Es wäre schön, wenn Sie teilnehmen könnten.

4
Mit freundlichen Grüßen
Bis dann und viele Grüße
Tschüss

5
Um Antwort wird bis zum 20. Juni gebeten.
Sagt mir bitte bis zum 20. Juni, ob ihr kommt.
Bitte teilen Sie uns bis zum 20. Juni mit, ob Sie teilnehmen.

6
Ich habe Geburtstag.
Alles Gute zum Geburtstag!
Einladung zur Geburtstagsfeier

REDEMITTEL

7
ich werde am 3. Juli 20 Jahre alt und möchte das gern mit euch feiern.
anlässlich meines Geburtstags veranstalte ich am 3. Juli ein kleines Fest und lade Sie herzlich dazu ein.
am 3. Juli steigt bei uns im Garten meine Geburtstagsparty und ihr könnt dabei sein.

8
Es geht um 19:00 Uhr nach dem Abendessen der Bewohner los und endet gegen 22:00 Uhr wegen der Nachtruhe.
Der Empfang findet um 19:00 Uhr nach dem Abendessen der Bewohner statt und das Fest endet gegen 22:00 Uhr, wenn die Nachtruhe beginnt.
Alle müssen um 19:00 Uhr nach dem Abendessen der Bewohner kommen und um 22:00 Uhr wieder gehen (Nachtruhe).

c Schreiben Sie die E-Mail. Bringen Sie die Sätze dabei in eine sinnvolle Reihenfolge.

d Schreiben Sie nun selbst eine informelle Einladung an Ihre Kollegen. Sie können dazu einen der Notizzettel unten verwenden oder sich eine eigene Situation ausdenken. Vergessen Sie nicht den Betreff, die Anrede und den Schluss und achten Sie auf die Reihenfolge der Punkte.

1 Sie verlassen die Speditionsfirma Lührmann und möchten sich verabschieden.

2 Sie möchten die Geburt Ihres Kindes mit den Kollegen im Büro feiern.

3 Sie möchten die Kollegen nach bestandener Probezeit einladen.

1
- 30. November 17:00 Uhr (nach Feierabend)
- Abschied aus der Firma
- bis 25. November Bescheid sagen
- Pizza und Getränke

2
- 14. Mai nachmittags im Büro
- Geburt des Kindes
- jederzeit vorbeikommen
- Kaffee und Kuchen

3
- 1. September um 10:00 Uhr im Pausenraum
- Probezeit bestanden
- keine Antwort nötig
- Frühstück

2 Auf eine informelle Einladung reagieren

a Lesen Sie Torstens Antwort auf Nanhs Einladung. Was denken Sie? Ist die Antwort gut? Warum (nicht)?

Von:
An:
Betreff: Antw.: Einladung zur Geburtstagsfeier

Hey Nanh,

ich danke dir für die Einladung. Ich habe am 3. Juli Urlaub und bin nicht da.

Viel Spaß

Torsten

b Eine ausführliche Absage schreiben: Wählen Sie die passenden Wörter oder Ausdrücke aus und ergänzen Sie die E-Mail.

Von:
An:
Betreff: Antw.: Einladung zur Geburtstagsfeier

.......1....... Nanh,

ich danke dir ....2....... für die Einladung. ....3....... kann ich am 3. Juli nicht zu deiner Feier kommen, ...4....... ich da im Urlaub bin.

Das ....5....... ich sehr schade, denn ich ....6....... sehr gern deine Snacks probieren.

.......7....... bekomme ich irgendwann noch mal eine Chance dazu.

Ich wünsche dir und den anderen ....8....... ganz viel Spaß an deinem Geburtstag.

Viele Grüße und bis bald

(Name)

1 a ☐	Sehr geehrter	3 a ☐	Es tut mir leid	5 a ☐	glaube	7 a ☐	Hoffentlich
b ☐	Lieber	b ☐	Leider	b ☐	denke	b ☐	Schließlich
c ☐	Guten Tag	c ☐	Schade	c ☐	finde	c ☐	Bitte
2 a ☐	gern	4 a ☐	weil	6 a ☐	würde	8 a ☐	deshalb
b ☐	fröhlich	b ☐	denn	b ☐	hätte	b ☐	immer
c ☐	herzlich	c ☐	deshalb	c ☐	wäre	c ☐	auf jeden Fall

c Lesen Sie Tinas Antwort auf Nanhs Einladung. Diese E-Mail ist zwar freundlich und ausführlich, aber ein Satz passt nicht zu den anderen Informationen. Finden Sie den Satz und überlegen Sie sich eine Alternative.

Von:
An:
Betreff: Antw.: Einladung zur Geburtstagsfeier

Lieber Nanh,

über deine Einladung habe ich mich sehr gefreut, und ich werde auf jeden Fall dabei sein. Ich bin schon ganz gespannt auf die Grillsnacks, weil ich gern vietnamesisch esse. Außerdem ist es auch immer schön, ein paar Stunden mit den Kollegen zu verbringen. Bei der Arbeit ist dafür ja oft keine Zeit.

Kann ich dir vielleicht irgendwie bei den Vorbereitungen helfen? Am 3. Juli arbeite ich bis zum Mittagessen und könnte dann direkt bleiben, um dich zu unterstützen. Wie du weißt, komme ich normalerweise mit dem Auto. Wenn ich zum Beispiel Getränke holen soll, ist das kein Problem.
Sag mir einfach, was du brauchst.

Ich finde es sehr schade, aber bestimmt klappt es beim nächsten Mal.

Vielen Dank für deine Einladung und bis dann.

Viele Grüße

Tina

d Lesen Sie die folgenden Redemittel und entscheiden Sie, ob sie eine Zusage („Ja“), eine Absage („Nein“) oder Unsicherheit („Vielleicht“) ausdrücken. Überlegen Sie auch, ob sie eher formell oder informell sind.

		Ja	Nein	Vielleicht
1	Ich bin schon sehr gespannt auf das Fest.	☐	☐	☐
2	Ich kann noch nicht endgültig zusagen.	☐	☐	☐
3	Am 07.10. habe ich bereits für eine andere Veranstaltung zugesagt.	☐	☐	☐
4	Ich hoffe, dass wir am 07.10. zusammen feiern können.	☐	☐	☐
5	Es tut mir leid, aber am 07.10. bin ich auf einer Dienstreise.	☐	☐	☐
6	Ich bedaure, dass ich für den 07.10. absagen muss.	☐	☐	☐
7	Wir freuen uns sehr, Sie bald persönlich zu treffen.	☐	☐	☐
8	Ich finde es sehr schade, aber bestimmt klappt es beim nächsten Mal.	☐	☐	☐
9	Gern bestätigen wir den von Ihnen vorgeschlagenen Termin.	☐	☐	☐
10	Ich bitte herzlich darum, meine Abwesenheit zu entschuldigen.	☐	☐	☐
11	Leider kann ich am 07.10. nicht dabei sein.	☐	☐	☐
12	Ich bin nicht ganz sicher, ob ich am 07.10. zu Ihnen kommen kann.	☐	☐	☐
13	Es ist mir leider nicht möglich, am 07.10. anwesend zu sein.	☐	☐	☐
14	Wir müssen uns wohl nach einer anderen Gelegenheit umschauen.	☐	☐	☐
15	Ich kann noch nicht versprechen, am 07.10. dabei zu sein.	☐	☐	☐

e Schreiben Sie selbst eine ausführliche, informelle Antwort auf Nanhs E-Mail. Entscheiden Sie vorher, ob Sie zusagen, absagen oder noch unsicher sind.

3 Eine formelle Einladung schreiben

Formelle Einladungen enthalten oft mehr Informationen, weil die eingeladenen Personen z. B. ihren Gesprächspartner und den Veranstaltungsort nicht kennen. E-Mails haben in solchen Fällen oft auch einen Anhang mit weiteren Informationen (Anreisemöglichkeiten, Hotelinformationen, Karte der Stadt usw.)

a Ihre Firma arbeitet mit einer anderen Firma zusammen und Sie sollen deren Geschäftsleitung zu einer Betriebsbesichtigung mit anschließendem Abendessen einladen. Überlegen Sie, was Ihr Gesprächspartner wissen muss, und notieren Sie.

1 *Termin: 5. Oktober 2018* ....

2 ....

3 ....

4 ....

5 ....

b Hedda Aziz schreibt eine Einladung an einen Kunden. Lesen Sie Heddas E-Mail und ordnen Sie die Sätze den Beschreibungen (1–11) unten zu.

(a) Einladung zur Betriebsbesichtigung mit anschließendem Abendessen

(b) Sehr geehrter Herr Kuhn,

(c) mein Name ist Hedda Aziz; ich arbeite als Ingenieurin der Fertigungstechnik bei der DENSAI AG.

(d) Um uns bei Ihnen für die vertrauensvolle Zusammenarbeit zu bedanken,

(e) möchten wir Sie und vier Ihrer Mitarbeiter gern zu einer Besichtigung unseres Werks nach Hamburg einladen. Danach würden wir gern bei einem gemütlichen Abendessen Ihre Wünsche an uns besprechen.

(f) Als Termin schlagen wir den 5. Oktober vor, da es sich um einen Freitag handelt. So könnten Sie das Wochenende noch in Hamburg verbringen oder in Ruhe zurückreisen.

(g) Ich würde Sie am 5. Oktober nach dem Frühstück im Hotel abholen und mit Ihnen zu unserem Werk fahren. Dort zeige ich Ihnen die Fertigungsabteilung und stelle Sie Kolleginnen und Kollegen vor. Nach dem Mittagessen in unserer Kantine empfängt Sie unser Geschäftsführer, Herr Schobel, und danach besteht die Gelegenheit, unser Testlabor und unsere Prototypen zu besichtigen. Gegen 17:00 würde ich Sie zurück zum Hotel fahren, wo dann auch nach einer kurzen Pause das Abendessen stattfindet.

(h) Im Anhang finden Sie Informationen zur Anreise und zum Hotel, das wir für Sie ausgewählt haben.

(i) Wir freuen uns, Sie bald persönlich in Hamburg begrüßen zu dürfen und

(j) bitten um Antwort innerhalb der nächsten zwei Wochen.

(k) Mit freundlichen Grüßen
Hedda Aziz

1 ☐ Ablauf – Hedda erklärt, was zu welcher Zeit passieren soll
2 ☐ Grußformel – Hedda verabschiedet sich höflich
3 ☐ Vorstellung – Hedda erklärt, wer sie ist und wo sie arbeitet
4 ☐ Anrede – Hedda spricht den Empfänger höflich an
5 ☐ Betreff – Hedda nennt das Thema der Nachricht
6 ☐ Inhalt der Einladung – Hedda erklärt, wozu sie einlädt
7 ☐ Grund für die Einladung – Hedda schreibt, warum ihre Firma die Gäste einlädt
8 ☐ Termin – Hedda schlägt einen Tag vor und nennt Vorteile
9 ☐ Anhänge – Hedda weist auf weitere Informationen hin
10 ☐ Antwortfrist – Hedda nennt einen Termin, zu dem die Gäste antworten sollen
11 ☐ Schluss – Hedda drückt ihre Freude aus

c Schreiben Sie nun selbst eine E-Mail, in der Sie formell einige Personen einladen, z.B. die Eltern zu einem Sommerfest im Kindergarten, Kunden zu einer Firmenfeier oder (unbekannte) Kollegen zur Weihnachtsfeier eines Großunternehmens. Wenn Sie eine eigene Idee haben, können Sie auch darüber schreiben.

d Antworten Sie auf Heddas E-Mail. Bedanken Sie sich und formulieren Sie eine Zu- oder Absage. Sie können auch die Redemittel aus Aufgabe 2d benutzen.

e Kursprojekt: Schreiben Sie sich gegenseitig Einladungen und Zu- oder Absagen. Je öfter Sie das ausprobieren, desto besser werden Sie darin.

Reklamationen kommen im Beruf immer wieder vor. Manchmal müssen Sie sich bei Lieferanten oder Dienstleistern über Mängel beschweren und Forderungen zur Nachbesserung stellen. Wenn Sie selbst eine Reklamation erhalten, müssen Sie angemessen darauf reagieren, Lösungen vorschlagen, sich für Fehler entschuldigen oder erklären, warum Ihre Firma nicht verantwortlich für das Problem ist. Reklamationen und Reaktionen darauf werden grundsätzlich in einem formellen Stil geschrieben.

1 Eine Beschwerde schreiben

a Aufbau einer Beschwerde: Unten finden Sie einzelne Bestandteile einer Beschwerde mit Beispielen. Bringen Sie die Textteile in eine sinnvolle Reihenfolge und schreiben Sie einen Notizzettel.

- ☐ a Was erwarten Sie von Ihrem Partner? (Beispielsweise möchten Sie so schnell wie möglich das richtige Produkt bekommen.)
- ☐ b Welche Vereinbarung hatten Sie mit Ihrem Partner? (Beispielsweise haben Sie 20 Eimer hochwertige Wandfarbe bestellt, aber ein Produkt von minderer Qualität bekommen.)
- ☐ c Welche Folgen hat der Mangel für Ihr Unternehmen? (Beispielsweise konnten Sie einen wichtigen Auftrag nicht wie vereinbart erledigen.)
- ☐ d Wie fühlen Sie sich? (Beispielsweise sind Sie verärgert über den Fehler.)
- ☐ e Wie ist das Verhältnis zwischen Ihnen und Ihrem Partner und warum? (Beispielsweise arbeiten Sie zum ersten Mal mit der anderen Firma zusammen.)
- ☐ f Was sind für Sie die Konsequenzen aus diesem Problem? (Beispielsweise werden Sie nur weiter mit der anderen Firma zusammenarbeiten, wenn Ihnen schnell geholfen wird.)

- 20 l hochwertige Farbe bestellt, schlechte Qualität bekommen
- …
- …
- …

- …
- …
- …
- …

b Überlegen Sie jetzt, welche Informationen Sie zu den Stichpunkten ergänzen könnten. Was ist wichtig, um Ihren Partner zu überzeugen? Wie können Sie ihn zum Handeln bewegen?

- 20 l hochwertige Farbe bestellt, schlechte Qualität bekommen
- 1000,00 Euro stehen auf der Rechnung, die schlechte Farbe wäre billiger; Eimer vielleicht im Lager vertauscht?

- …
- …
- …
- …

2 Die passende Formulierung finden

a Der passende Ton ist sehr wichtig bei einer Beschwerde. Einerseits müssen Sie klarstellen, wie ernst Ihr Anliegen ist, andererseits sollten Sie nicht unhöflich sein. Schließlich möchten Sie erreichen, dass Ihr Partner sich um Ihr Anliegen kümmert. Wenn Sie sich zum ersten Mal beschweren, sollten Sie freundlich schreiben. Entscheiden Sie bei den folgenden Sätzen, ob sie gut für eine Beschwerde geeignet sind („Ja"). Wenn ein Satz nicht passt, kreuzen Sie „Nein" an und überlegen Sie, warum.

		Ja	Nein
1	Es ist ein Skandal, dass Sie die falsche Farbe geliefert haben.	☐	☐
2	Bei der Lieferung der Farbe ist ein Fehler passiert, den Sie sicher schnell beheben werden.	☐	☐
3	Ihre Lieferung entspricht leider nicht unserer Bestellung (Nr. 105778943).	☐	☐
4	Wegen Ihrer Fehllieferung verzögert sich unsere Arbeit. Das ist eine Katastrophe.	☐	☐
5	Wenn Sie nicht sofort die richtige Farbe bringen, werden wir unseren Anwalt einschalten.	☐	☐
6	Wir werden nie wieder etwas bei Ihnen bestellen.	☐	☐
7	Bitte teilen Sie uns so schnell wie möglich mit, wann Sie die Farbe austauschen können.	☐	☐
8	Wir sind sehr wütend auf Sie, weil Sie die falsche Farbe geliefert haben.	☐	☐
9	Es ist wirklich sehr wichtig, dass wir schnell die richtige Farbe bekommen.	☐	☐
10	Könnten Sie vielleicht bald die richtige Farbe schicken?	☐	☐

b Überlegen Sie, warum die Sätze, die Sie mit „Nein" markiert haben, nicht gut in eine Beschwerde passen. Schreiben Sie einen besseren Satz oder mehrere bessere Alternativen. Denken Sie immer daran, welche Reaktion Sie sich von Ihrem Gesprächspartner wünschen.

Beispiel:

1 *Das Wort „Skandal" ist zu stark für eine Beschwerde wegen einer falschen Lieferung. Der Partner könnte verärgert reagieren.*

Besser:

– Sie haben uns leider die falsche Farbe geliefert.

– Es kommt sicher manchmal vor, dass Lieferungen vertauscht werden, und so haben wir die falsche Farbe bekommen.

– Unglücklicherweise können wir mit der fälschlich gelieferten Farbe nicht arbeiten.

c Die folgende Beschwerde ist ziemlich übertrieben. Markieren Sie die Wörter/Ausdrücke, die nicht für eine formelle Beschwerde geeignet sind, und ersetzen Sie sie durch passende Wendungen aus dem Kasten.

mit einer anderen vertauscht | so schnell wie möglich | nicht wie erwartet geliefert worden | wenn Sie an einer weiteren Zusammenarbeit mit uns als Neukunde interessiert sind, erwarte ich von Ihnen eine schnelle Bearbeitung | bekommen | bitte schicken Sie uns umgehend die bestellte Ware | nicht auf das Lieferdatum geachtet | ziemlich verärgert | können wir unseren Auftrag nicht pünktlich erledigen | einfaches ... von minderer Qualität | zu einem weitaus günstigeren Preis | bitte haben Sie Verständnis dafür, dass wir die Rechnung erst nach Erhalt der korrekten Lieferung bezahlen können | sich unsere Arbeit dadurch verzögert

Von:	
An:	kundenservice@malerbedarf-runkemoeller.de
Betreff:	Fehllieferung (Bestellnummer 105778943)

Sehr geehrte Damen und Herren,

wir haben am 03.03.20xx unter o. g. Auftragsnummer 20 Eimer Wandfarbe Perlmutt mit hoher Deckkraft bei Ihnen bestellt. Leider ist diese Bestellung total schiefgegangen.

Statt der bestellten hochwertigen Farbe haben wir ein schlechtes, billiges Weiß bekommen. Auf der Rechnung stehen 1000,00 €, aber diese Farbe kriegen Sie in jedem Baumarkt für die Hälfte. Wahrscheinlich haben Ihre Mitarbeiter die Bestellung im Dunkeln vorbereitet. Außerdem haben Sie offensichtlich bei der Bearbeitung geschlafen, denn die Lieferung kam einen Tag zu spät auf unserer Baustelle an.

Wir sind wirklich sehr traurig wegen dieses Fehlers, weil wir unsere Arbeit jetzt nicht schaffen können. Wir brauchen sofort die richtige Farbe, sonst bekommen wir Stress mit unserem Auftraggeber.

Wir wollen sofort die richtige Farbe. Wenn das dieses Mal nicht klappt, werden wir unseren Anwalt mit der Sache beauftragen. Dies war das erste und letzte Mal, dass wir mit Ihnen zusammengearbeitet haben. Ihr Geld können Sie dann vergessen.

Mit freundlichen Grüßen

Eckhard Frisch, Malermeister

3 Auf eine Beschwerde reagieren

a Wenn Sie eine Beschwerde erhalten, müssen Sie genau hinschauen: Was ist das Problem? Was erwartet der Kunde/Partner von Ihnen? Auf diese Fragen müssen Sie in Ihrer Antwort reagieren. Wenn der Fehler nicht bei Ihrer Firma liegt, müssen Sie das aufklären und möchten vielleicht trotzdem Ihr Bedauern ausdrücken. Wenn der Fehler bei Ihrem Unternehmen liegt, sollten Sie sich entschuldigen und überlegen, was Sie dem Partner anbieten können; schließlich wollen Sie ihn als Kunden behalten. Schauen Sie sich die Beschwerde aus Aufgabe 1 noch einmal an und beantworten Sie die folgenden Fragen:

1 Was ist das Problem? / Was sind die Probleme?

....

2 Ist Ihre Firma für das Problem verantwortlich? Warum (nicht)?

....

3 Warum ist der Fehler passiert?

....

4 Wie fühlt sich der Kunde?

....

5 Was erwartet der Kunde?

....

6 Was können Sie für den Kunden tun?

....

b Benutzen Sie Ihre Informationen, um eine Reaktion zu schreiben. Ergänzen Sie die folgende E-Mail.

Von:
An: info@malerbetrieb-frisch.de
Betreff: Antw.: Fehllieferung (Bestellnummer 105778943)

Sehr geehrter Herr Frisch,

vielen Dank für Ihre Nachricht.

Wir bedauern sehr, dass ....1.......... und dass ....1.......... .

Offenbar haben wir bei der Bearbeitung Ihrer Bestellung ....2.......... sowie ....2.......... . Vermutlich ist dieser Fehler passiert, ...3.......... .

Wir verstehen vollkommen, ...4.......... . Natürlich haben Sie Verpflichtungen gegenüber Ihrem Auftraggeber.

Die Rechnung brauchen Sie selbstverständlich erst zu bezahlen, ...5.......... .

Ich kann Ihnen sogar ....6.......... für die Verzögerung anbieten und werde mich sofort darum kümmern, ...7.......... .

Wir entschuldigen uns vielmals für die Unannehmlichkeiten.

Mit freundlichen Grüßen

Heiner Schuhmacher, Kundenservice Malerbedarf Runkemöller

c Sie arbeiten in einer Transportfirma und Ihr Unternehmen sollte Kleidungsstücke vom Hamburger Hafen aus an verschiedene Kunden der Vodega GmbH ausliefern. Leider kamen die Waren zu spät an. Lesen Sie die folgende Beschwerde von Anita Jiménez.

Von:
An: dispo@werner-spedition.de
Betreff: Verspätete Lieferung an unsere Kunden in Berlin, Düsseldorf und Stuttgart

Sehr geehrte Damen und Herren,

wir haben Ihr Unternehmen damit beauftragt, jeweils einen Container mit Anzügen aus Argentinien zu unseren Kunden in Berlin, Düsseldorf und Stuttgart zu befördern. Als Auslieferungstermin war der 03.04.20xx vereinbart (s. Auftragsnummer A3045687).

Ärgerlicherweise sind die Waren nicht pünktlich dort eingetroffen, sodass die Sommerkollektion nicht am verkaufsoffenen Sonntag präsentiert werden konnte. Unsere Kunden sind darüber sehr verärgert und erwarten nun von uns einen Preisnachlass in Höhe von 10 %.

Vermutlich haben Sie den Transport zu spät durchgeführt. Daher schlage ich vor, dass Ihr Unternehmen sich an den entstandenen Kosten beteiligt. Wir können diese Kostenübernahme mit dem Rechnungsbetrag des nächsten Auftrags verrechnen.

Ich freue mich auf Ihren Vorschlag.

Mit freundlichen Grüßen

Anita Jiménez, Kundenservice Vodega GmbH

d Bei der Überprüfung des Vorfalls stellen Sie fest, dass Ihr Unternehmen nicht an der Verzögerung schuld ist. Der Fahrer der Tour Hamburg–Stuttgart hat dem Lager folgende Informationen gegeben. Ergänzen Sie die Antwort an Anita, in der Sie das Problem erläutern. Zeigen Sie Verständnis, aber machen Sie deutlich, dass Ihre Firma nicht für den Fehler verantwortlich ist.

Tour 2003467 Hamburg–Stuttgart mit Fahrzeug HH-DS 204:

- *Übernahme Container im Hamburger Hafen am 02.04.20xx nicht möglich*
- *Schiff pünktlich eingetroffen*
- *Zoll verweigert die Freigabe*
- *besondere Kontrollen ohne vorherige Anmeldung*
- *Ware am 06.04.20xx zum Transport bereit*
- *Auslieferung am 07.04.20xx*

Von:

An: a.jimenez@vodega.de

Betreff: Antw.: Verspätete Lieferung an unsere Kunden in Berlin, Düsseldorf und Stuttgart

Sehr geehrte Frau Jiménez,

vielen Dank für Ihre Nachricht.

Es tut uns sehr leid, ...1............ .

Ich habe mich natürlich sofort nach den Gründen für die Verzögerung erkundigt und dabei Folgendes herausgefunden: Unser Fahrer schreibt, ...2............, obwohl ....3............ . Laut unseren Unterlagen ....4............, da ....5............ .

Entsprechend war ....6............ und konnte erst ....7............ .

Aus diesem Grund sehe ich unser Unternehmen hier nicht in der Verantwortung und bitte Sie um Verständnis dafür, ...8............ .

Im Anhang finden Sie die Einfuhrbescheinigung mit den entsprechenden Daten der Zollbehörde.

Ich schlage vor, dass Sie Ihre Kunden ....9............ .

Mit freundlichen Grüßen

Jonah Hennermann, Disponent Spedition Dellinger

4 Ihre Beschwerden und Reaktionen

Überlegen Sie, welche Probleme es an Ihrem (zukünftigen) Arbeitsplatz geben könnte. Schreiben Sie Beschwerden und reagieren Sie darauf. Sie können auch die Gründe für Vertragskündigungen aus Modul 10 (siehe S. 52) für Beschwerden benutzen.

Wenn die gleiche Arbeit von verschiedenen Personen ausgeführt wird, müssen Sie Übergaben schreiben. Das ist beispielsweise der Fall, wenn Sie im Schichtdienst arbeiten und den Kollegen in der nächsten Schicht erklären müssen, was Sie gemacht haben, was noch erledigt werden muss oder was sonst für die Kollegen wichtig zu wissen ist. Auch wenn Sie in Urlaub gehen oder Ihre Arbeitsstelle verlassen, schreiben Sie normalerweise eine Übergabe für die Person, die Ihre Aufgaben übernimmt. Übergaben werden je nach Verhältnis zu den Kollegen in einem formellen oder informellen Stil geschrieben.

Dokumentationen können ebenfalls für die Übergabe verwendet werden, sie dienen aber auch der Qualitätssicherung. Mitarbeiter beschreiben hier ihre erledigten Tätigkeiten und Ergebnisse, sodass kontrolliert werden kann, ob alle Standards (Qualität, Sicherheit, Hygiene etc.) eingehalten wurden. Oft werden auch Bestände dokumentiert, um zu wissen, was man nachbestellen muss. Dokumentationen werden im formellen Stil geschrieben.

1 Eine informelle Übergabe schreiben

a Schauen Sie sich die Notizzettel an und ordnen Sie sie der passenden Person zu.

1 ☐ Nanh Nguyen, Praktikant im Seniorenstift Flottbek

2 ☐ Fayyad Hadji, Verkäufer bei Elektro Hansen

3 ☐ Dimitra Papadopoulou, Personalsachbearbeiterin in der Elbstrand Klinik

A

erledigt:
- Lager für kleine Küchengeräte kontrolliert
- 10 Toaster aus Edelstahl nachbestellt (sind im Angebot, heute allein 8 verkauft)
- Dekoration für Fernseher wegen Fußball-WM aufgebaut

bitte erledigen:
- Toaster werden übermorgen geliefert, Rechnung an Herrn Kreutz
- Herrn Gerald Römer wegen seiner Anfrage zu unseren Multimedia-Tablets zurückrufen
- die neuen Modelle sind da, 2 zurückgelegt, können bis Montag angeschaut werden
- Nummer im Kundenverzeichnis

B

wichtige Termine während meiner Abwesenheit:
- 20.05.20xx: zwei neue Krankenpfleger kommen zum Vorstellungsgespräch, Arbeitsverträge vorbereiten
- 21.05.20xx: Gehaltsabrechnungen vorbereiten, an die Lohnbuchhaltung übergeben
- 01.06.20xx: Arbeitsbeginn des neuen Assistenzarztes in der Orthopädie, begrüßen, Station zeigen, vorstellen
- bis 02.06.20xx: Stellenanzeigen (OP-Assistent/in und Hebamme) schreiben, Vorlagen sind im Computer, Anzeigen auf Karriereplattformen hochladen

nicht vergessen:
- Urlaubsanträge kontrollieren und bearbeiten (schnellstmöglich)

C

Nachtdienst:
- Frau Stürmer: Magenschmerzen, wollte kein Medikament, nur Joghurt zum Frühstück, fühlt sich schwach, braucht Hilfe beim Gehen
- Herr Becker: gut erholt nach Operation, soll mehr Wasser trinken, erinnern
- Herr Klar: noch Schmerzen nach dem Sturz vor drei Tagen, Arzt empfiehlt Bettruhe

Termine:
- 15:00 Friseur im Haus
- 16:00 Tochter von Frau Stürmer
- 16:00 Physiotherapie Herr Klingenberg und Frau Reilmann

b Schreiben Sie eine informelle Übergabe. Setzen Sie die Verben in der richtigen Form ein.

Hallo Fiza,

wie du ....1.......... (wissen), bin ich von Freitag bis Dienstag ....2.......... (verreisen). Ich ....3.......... aber schon ein paar Dinge ....4.......... (erledigen), damit du nicht so viel Stress ....5.......... (haben).

Heute habe ich im Lager für Küchengeräte ....6.......... (nachschauen) und ....7.......... (sehen), dass fast keine Edelstahltoaster mehr da ....8.......... (sein). Die ....9.......... (haben) wir ja im Moment im Angebot und heute ....10.......... (werden) allein acht Stück ....11.......... (verkaufen). Deshalb habe ich nochmals zehn davon ....12.......... (nachbestellen). Außerdem habe ich schon die Dekoration für die Fußball-WM bei den Fernsehern ....13.......... (aufbauen), aber das ....14.......... (sehen) du auch, wenn du ....15.......... (hereinkommen).

Die neuen Toaster ....16.......... (werden) übermorgen geliefert, die Rechnung ....17.......... (müssen) du bitte an Herrn Kreutz ....18.......... (weitergeben). Dann ....19.......... (werden) ich dich noch bitten, Herrn Gerald Römer wegen unserer Multimedia-Tablets ....20.......... (zurückrufen). Die Nummer ....21.......... (finden) du im Kundenverzeichnis. Ich habe ihm zwei Stück bis Montag ....22.......... (zurücklegen). Bis dahin ....23.......... (können) er vorbeikommen und sie sich ....24.......... (anschauen).

Ich ....25.......... (denken), das ist alles, was du wissen ....26.......... (müssen).

Viel Spaß und bis bald

c Ergänzen Sie die Informationen in dieser informellen Übergabe und beenden Sie die Sätze. Achten Sie auf die Verbformen. Wenn Sie höflich sein möchten, benutzen Sie den Konjunktiv II.

Lieber Max,

jetzt ....1.......... (so weit sein): Morgen ....2.......... (Urlaub in Griechenland beginnen). Vielen Dank, ...3.......... (mich in den nächsten zwei Wochen vertreten). Neben den üblichen Aufgaben ....4.......... (einige wichtige Termine beachten sollen):

Am 20.05. ....5.......... (zwei neue Krankenpfleger sich vorstellen). Dafür ....6.......... (bitte zwei Arbeitsverträge vorbereiten müssen), die den Bewerbern nach dem Gespräch ....7.......... (mitgeben). Die Gehaltsabrechnungen ....8.......... (wie immer ab dem 21.05. vorbereiten sollen). Danach ....9.......... (an die Lohnbuchhaltung übergeben). Der neue Assistenzarzt ....10.......... (seinen Dienst beginnen) am 01.06. in der Orthopädie. ....11.......... (du ihn können) bitte begrüßen, ...12.......... (die Station zeigen) und ....13.......... (den Kollegen vorstellen)? Das ....14.......... (sehr nett sein).

Schließlich müssen noch bis zum 02.06. ....15.......... (zwei Stellenanzeigen für einen OP-Assistenten und eine Hebamme schreiben). Vorlagen dafür ....16.......... (im Computer finden). Die Anzeigen ....17.......... (einfach auf einige Karriereplattformen hochladen). Während der ganzen Zeit ....18.......... (auch daran denken müssen), die Urlaubsanträge der Mitarbeiter ....19.......... (so schnell wie möglich bearbeiten).

Ich wünsche dir eine gute Zeit und danke nochmals für die Vertretung.

d Benutzen Sie nun den Notizzettel C aus Aufgabe 1a, um eine eigene Übergabe zu schreiben. Denken Sie daran, die Sätze miteinander zu verbinden. Die Wörter hier können Ihnen dabei helfen. Sie können natürlich auch andere Formulierungen benutzen.

heute Nacht | heute Morgen | allerdings | außerdem | dann | aber | vielleicht | schließlich | deswegen | heute Nachmittag | danach

Hallo Frieda,

hier kommen die wichtigsten Informationen aus dem Nachtdienst. Es war meistens ruhig, aber ein paar Dinge solltest du wissen: ...

Wir sehen uns am Dienstag.

Bis dann und viele Grüße

2 Eine formelle Dokumentation schreiben

a Im Lager einer Spedition wird heute ein neuer Staplerfahrer eingearbeitet. Der Lagerleiter ist dafür verantwortlich, dass der neue Mitarbeiter seine Arbeitskleidung bekommt und über die Sicherheitsvorschriften belehrt wird. Lesen Sie die Sicherheitsrichtlinien für das Lager und schreiben Sie Sätze. Überlegen Sie je zwei Alternativen.

Sicherheitsrichtlinien für das Lager und den Fuhrpark der Ströer Spedition KG

1 Sicherheits- und Schutzkleidung:

- Helmpflicht im gesamten Lagerbereich und auf dem Hof des Fuhrparks
- Sicherheitsschuhe mit Zehenschutz im gesamten Lagerbereich und auf dem Hof des Fuhrparks vorgeschrieben
- Mitarbeiter erhalten je zwei Arbeitshosen und Arbeitsjacken; eigene Kleidung ist erlaubt, wird aber nicht empfohlen
- Mitarbeiter erhalten zwei Paar Arbeitshandschuhe, die bei der Arbeit zu tragen sind

Beispiel:

– Die Mitarbeiter müssen im gesamten Lagerbereich und auf dem Hof des Fuhrparks einen Helm tragen. / Im gesamten Lagerbereich und auf dem Hof des Fuhrparks besteht Helmpflicht.

2 Arbeitssicherheit:

- nach dem Parken von Fahrzeugen grundsätzlich Motor ausschalten
- bei Zugmaschinen Handbremse nach dem Parken anziehen
- Anhänger/Auflieger mit vorgesehenen Gestellen sichern
- Regale nicht überladen, Traglast kontrollieren
- vorsichtig mit Gefahrgut umgehen
- Arbeitshandschuhe tragen und regelmäßig austauschen
- Pakete grundsätzlich aus der Hocke anheben, bei schweren Gewichten Kollegen zu Hilfe rufen

Beispiel:

– Nach dem Parken von Fahrzeugen muss grundsätzlich der Motor ausgeschaltet werden. / Man muss ...

3 Verhalten bei Unfällen:
- Ersthelfer rufen (Liste im Pausenraum)
- Lagerleiter verständigen
- beim Austreten von Gefahrgut Halle verlassen

Beispiel:
– Bei einem Unfall muss der Ersthelfer gerufen werden. / Man muss ...

4 Sonstiges:
- Rauchverbot im gesamten Lagerbereich
- gekennzeichnete Gehwege benutzen

Beispiel:
– Im gesamten Lagerbereich ist das Rauchen verboten. / Man darf ...

b Der Lagerleiter hat nun den neuen Mitarbeiter eingewiesen und dokumentiert die Tätigkeiten. Schreiben Sie Sätze für die Dokumentation. Benutzen Sie dazu die Satzanfänge im Kasten und formulieren Sie Ihre Sätze aus Aufgabe 2a entsprechend um.

REDEMITTEL

Dem Mitarbeiter wurde mitgeteilt, ...
Der Mitarbeiter wurde darüber informiert, ...
Der Mitarbeiter wurde darüber in Kenntnis gesetzt, ...
Der Mitarbeiter wurde darüber belehrt, ...
Der Mitarbeiter erhielt die Belehrung, ...
Dem Mitarbeiter wurde erklärt, ...
Der Mitarbeiter wurde darauf hingewiesen, ...

Beispiel:
– Der Mitarbeiter wurde darüber belehrt, dass im gesamten Lagerbereich und auf dem Hof des Fuhrparks Helmpflicht besteht.

c Nun muss noch dokumentiert werden, welche Gegenstände der Mitarbeiter bekommen hat und wie die aktuelle Anzahl im Bestand ist. Vervollständigen Sie die E-Mail des Lagerleiters an die Einkaufsabteilung.

ausgehändigt:
- 1 Schutzhelm
- 2 Paar Sicherheitsschuhe mit Zehenschutz, Größe 44
- 2 Paar Arbeitshandschuhe
- 2 Arbeitshosen blau, Größe L
- 2 Arbeitsjacken blau, Größe L

neuer Bestand:
- 12 Schutzhelme
- 6 Paar Sicherheitsschuhe mit Zehenschutz, Größe 44
- 5 Kartons Arbeitshandschuhe à 30 Stück
- 16 Arbeitshosen, Größe L
- 8 Arbeitsjacken, Größe L

nachbestellen:
Sicherheitsschuhe mit Zehenschutz, Größe 44

Von: lager@wolff-sped.berlin
An: einkauf@wolff-sped.berlin
Betreff: Ausgabe von Schutz- und Arbeitskleidung

Liebe Frau Steger,

bei seiner ......1...... hat unser neuer Mitarbeiter, Herr Matebe, die ......2...... Schutz- und Arbeitskleidung ......3...... . Damit befinden sich im ......4...... noch:

- 12 Schutzhelme
- 6 Paar Sicherheitsschuhe mit ......5......, Größe 44
- 5 Kartons ......6...... à 30 Stück
- 16 Arbeitshosen, Größe L
- 8 Arbeitsjacken, Größe L

Vielleicht ......7...... Sie Sicherheitsschuhe mit Zehenschutz, Größe 44, ...8...... . Viele Mitarbeiter ......9...... diese Größe und brauchen regelmäßig neue Schuhe.

......10...... und herzliche Grüße

Wilhelm Stankowski, Lagerleiter

d Sie arbeiten in einem Stahlwerk und haben eine Gruppe Geschäftspartner bei einer Werksbesichtigung begleitet. Dabei mussten Sie eine Sicherheitsbelehrung durchführen, Schutzkleidung ausgeben und den Besuchern das Werk zeigen. Dokumentieren Sie Ihre Arbeitsschritte.

Sicherheitsrichtlinien für Besucher des Stahlwerks

1 Sicherheits- und Schutzkleidung:
- Helmpflicht auf dem gesamten Werksgelände
- Signalwesten und ein Gehörschutz sind während der Besichtigung zu tragen

2 Verhalten während der Besichtigung:
- nicht von der Gruppe entfernen
- Anweisungen des Personals befolgen
- nicht rauchen
- keine Lebensmittel und Getränke mitnehmen

Ablauf einer Werksbesichtigung

1 Empfang der Besucher am Eingang
2 Präsentation der Firma im Besuchersaal (30 Min.)
3 Ausgabe der Schutz- und Sicherheitskleidung
4 Sicherheitsbelehrung
5 Führung über das Werksgelände
6 Erklärung der Arbeitsbereiche
7 Rückkehr zum Besuchersaal
8 Schutzkleidung einsammeln
9 Getränke anbieten
10 Fragen beantworten
11 Broschüren verteilen
12 Verabschiedung

Protokolle werden geschrieben, um Ergebnisse von Gesprächen, Präsentationen, Vorträgen etc. festzuhalten. Häufig schreibt eine Person ein Protokoll, um es später anderen Personen zur Verfügung zu stellen, die nicht an dem Gespräch etc. teilnehmen konnten. Deshalb sollten nur die wichtigen Informationen darin vorkommen und ein paar Rahmendaten wie Gesprächsteilnehmer, Datum, Themen etc. genannt werden.

In Präsentationen werden häufig Statistiken vorgestellt, d. h. Zahlen und deren Entwicklungen erklärt. Firmen präsentieren z. B. die Entwicklung ihrer Verkaufszahlen, bestimmter Kosten oder Daten zur Vergrößerung der Firma durch neue Niederlassungen.

Protokolle und Statistiken werden meistens in einem formellen Stil geschrieben.

1 Ein Gesprächsprotokoll schreiben

a Einmal im Monat treffen sich die Mitarbeiter des Seniorenstifts Flottbek zur Dienstbesprechung. Nicht alle können daran teilnehmen, weil einige sich auch um die Bewohner kümmern müssen. Deshalb schreibt Nanh ein Gesprächsprotokoll für die Kollegen Clemens Hammer und Tina Klein, die heute nicht dabei sind. Lesen Sie, was die Mitarbeiter sagen, und markieren Sie, was für die anderen Kollegen wichtig ist.

1 Bernd Plantner

Ich kann im August nur Nachtdienste übernehmen, keine Zwischendienste. Der Kindergarten ist drei Wochen geschlossen und meine Frau arbeitet tagsüber. Deshalb muss ich bei den Kindern bleiben, bis sie nach Hause kommt. Wenn das nicht geht, werde ich Urlaub nehmen.

2 Kerstin Mitterberger

Ich brauche im August zwei Wochen Urlaub, am liebsten direkt zu Anfang. Es geht aber auch später. Mein Mann ist flexibel mit dem Urlaub, kann in seiner Firma aber besser Anfang August abwesend sein, weil es Ende August wieder mehr zu tun gibt.

3 Eva Blau

Ich mache gern später Urlaub, am liebsten im September. Da sind die Reisen meistens sowieso billiger und ich habe keine Kinder, die in die Schule gehen. Gern übernehme ich im August auch mehr Zwischendienste, damit Bernd die Nachtschichten bekommt. Ich möchte zwei Wochen Urlaub.

4 Nanh Nguyen

Ich arbeite auch gern im August und hätte dann lieber Ende September früher frei, um meinen Umzug vorzubereiten. Wahrscheinlich fange ich ja im Oktober an zu studieren.
Ob ich Nachtdienste übernehme oder eher tagsüber arbeite, ist für mich egal. Der August ist ja wahrscheinlich mein letzter vollständiger Monat.

5 Klara Münch

Dann muss Bernd im August keinen Urlaub nehmen, denke ich. Die Zwischendienste können Nanh und Eva übernehmen. Ich denke, der Urlaub für Kerstin ist auch kein Problem. Alle anderen scheinen ja da zu sein. Clemens und Tina haben im Juli Urlaub, und sonst habe ich keine Urlaubsanträge bekommen. Eva könnte dann in den ersten zwei Wochen im September Urlaub machen, und Nanh verlässt uns ja leider in der Mitte des Monats. Das bedeutet, dass im September dann niemand anders Urlaub nehmen sollte, zumindest nicht für eine ganze Woche oder mehr.
Clemens und Tina müssen sich bei den Nachtdiensten mit Bernd abwechseln.

b Schreiben Sie die Sätze, die Sie in 1–4 markiert haben, mit den Namen der Personen.

Beispiel:

1 *Bernd Plantner kann im August nur Nachtdienste übernehmen.*

c Tragen Sie die erforderlichen Informationen in den Kopf des Protokolls ein.

Dienstbesprechung am 19.03.20xx

Anwesend: ....

Abwesend: ....

Thema: ....

Protokollant: ....

d Schreiben Sie jetzt die Informationen aus Aufgabe 1b als Nebensatz mit *dass* oder als Infinitiv mit *zu*. Sie können die folgenden Einleitungssätze benutzen.

REDEMITTEL

Bernd Plantner hat gesagt, ...
Außerdem meinte er, ...
Kerstin Mitterberger hat darum gebeten, ...

Eva Blau würde sich freuen, ...
Sie hat auch vorgeschlagen, ...
Nanh Nguyen hat sich bereit erklärt, ...
Er wünscht sich, ...

Beispiel:

1 *Bernd Plantner hat gesagt, dass er im August nur Nachtdienste übernehmen kann.*

e Ergänzen Sie nun die Zusammenfassung von Klara Münch.

Ergebnis der Dienstbesprechung

Bernd Plantner wird im August nur ..... 1 ..... . Er braucht keinen ..... 2 ..... . Nanh Nguyen und Eva Blau ..... 3 ..... sich die Zwischendienste im August. Kerstin Mitterberger ..... 4 ..... 01.08. bis zum 15.08.20xx ..... 5 ..... . Clemens Hammer und Tina Klein ..... 6 ..... im August dann mit Bernd Plantner bei ..... 7 ..... .

Im September ..... 8 ..... zuerst Eva Blau in Urlaub, danach ..... 9 ..... Nanh Nguyen sein Praktikum bei uns. Bis zum Dienstbeginn des neuen Praktikanten am 01.10.20xx ..... 10 ..... mehr einen längeren Urlaub nehmen.

2 Üben von Gesprächsprotokollen

a Schauen Sie sich folgende Gesprächsbeiträge aus einer Besprechung an und schreiben Sie ein Protokoll mit den Informationen. Wenn Sie in Gruppen arbeiten können, sollten Sie sich die Informationen gegenseitig vorlesen: Einige Personen lesen je einen Beitrag, eine andere Person macht Notizen und schreibt später das Protokoll.

1 Dimitra Papadopoulou, Personalsachbearbeiterin Elbstrand Klinik

Herzlich willkommen zu unserer diesjährigen Versammlung für Mitarbeiter der orthopädischen Station. Wir möchten Sie alle bitten, uns heute Ihre Erfahrungen des vergangenen Jahres zu berichten und Ihre Vorschläge zur Verbesserung zu nennen. Ich mache den Anfang: Zuerst möchte ich Ihnen allen ein großes Kompliment aussprechen. Im letzten Jahr konnten wir wieder zahlreiche Patientinnen und Patienten erfolgreich behandeln. Die Wartezeiten bei Operationen haben sich verkürzt und der Kostenrahmen konnte eingehalten werden. Es gab auch weniger Krankmeldungen von unseren Mitarbeitern. Die Klinikleitung möchte Ihnen dafür ganz herzlich danken.

2 Volker Heinemann, Krankenpfleger

Ich kann nur sagen, dass ich mit den Arbeitsbedingungen in der Klinik zufrieden bin. Die Zusammenarbeit zwischen Ärzten und Pflegepersonal klappt gut und auch die Personalabteilung ist sehr hilfsbereit. Probleme bereiten aus meiner Sicht nur die knappen Zeitpläne. Ich würde mir wünschen, etwas mehr Zeit für die Patienten zu haben, aber das geht wahrscheinlich nur, wenn wir noch einen Pfleger oder eine Pflegerin mehr einstellen könnten.

3 Dr. Irene Stangiolo, Oberärztin

Die meiste Zeit des Jahres waren wir voll belegt, das ist sicher effizient, aber auch sehr anstrengend. Wie Volker schon gesagt hat, bleibt da wenig Zeit für den einzelnen Patienten, und dabei ist es für eine Behandlung sehr wichtig, dass Patienten sich gut versorgt fühlen. Ich würde sagen, wir brauchen dringend mehr Personal auf der Station, wenn wir unsere Standards einhalten oder sogar verbessern wollen. Es kann nicht sein, dass Patienten außerhalb der Visite wenig Möglichkeiten haben, mit dem Personal zu sprechen. Wenn hier nicht alle so engagiert wären, hätten wir mehr Probleme.

4 Theresa Alonso, OP-Schwester

Ich habe im letzten Jahr bei vielen Operationen assistiert und muss sagen, dass wir ein gutes Team sind. Vorbereitung und Zusammenarbeit im OP haben wirklich hervorragend funktioniert. Ich würde mir allerdings für die Zukunft mehr Fortbildungen wünschen. Die Medizintechnik entwickelt sich so schnell, dass wir Möglichkeiten brauchen, um uns auf dem neuesten Stand zu halten.

5 Karsten Klingenberg, Physiotherapeut

Die Rehabilitation unserer Patienten läuft aus meiner Sicht sehr gut. Viele konnten sich nach den Operationen gut erholen. Ich denke aber, die Patienten sollten auch lernen, wie sie in Zukunft Schmerzen und Verletzungen vermeiden können. Vielleicht könnten wir zusätzliche Kurse anbieten, in denen mehrere Patienten gleichzeitig lernen, wie sie ihren Körper schonen oder trainieren müssen, um spätere Probleme zu vermeiden.

6 Frederik Hellmann, Assistenzarzt

Ich freue mich, dass ich hier einen so guten Start hatte. Alle im Team und auch in der Personalabteilung waren sehr hilfsbereit, sodass ich schnell lernen konnte, wie die Arbeit auf der Station organisiert ist. Für mich wären in Zukunft mehr von diesen Mitarbeiterversammlungen sinnvoll. Wir können unsere Situation doch nur verbessern, wenn alle ihre Ideen und Erfahrungen äußern. Einmal pro Jahr ist da vielleicht etwas zu wenig.

7 Cathrin Tremmer, Krankenpflegerin

Die Arbeit mit den Patienten hat mir im letzten Jahr sehr gut gefallen. Viele Patienten haben sich für unsere Arbeit bedankt und gesagt, dass sie sich hier sehr wohlgefühlt haben. Und das ist doch eigentlich der Kern unserer Arbeit. Ich habe aber manchmal das Gefühl, dass all die Dokumentationsvorschriften zu viel von unserer Zeit beanspruchen. Gibt es keine Möglichkeiten, das zu vereinfachen? Könnte man vielleicht Tabellen im Computer vorbereiten, die bestimmte Inhalte automatisch ergänzen? Vieles ist ja Routine, bei der man immer wieder das Gleiche schreibt.

b Führen Sie selbst Besprechungen durch und schreiben Sie ein Protokoll dazu. Sie können die Beispiele unten verwenden oder etwas aus Ihrem eigenen Berufsfeld besprechen.

1 Mitarbeiter einer Baufirma diskutieren den Kauf einer neuen Maschine mit der Geschäftsleitung

2 Vertriebsmitarbeiter überlegen gemeinsam, wie sie den Umsatz steigern können

3 Auszubildende im Hotel sprechen mit der Personalleitung über ihre Wünsche an den Ausbildungsbetrieb

4 Die Geschäftsleitung einer Tischlerei plant den Kauf neuer Maschinen und möchte Schulungen mit den Mitarbeitern organisieren

3 Statistiken und Diagramme beschreiben

a Ordnen Sie die Beschreibungen den Zahlen zu.

1	☐ +80 000 Euro	a	Der Umsatz hat sich verdoppelt.
2	☐ −10 %	b	Der Umsatz ist gestiegen.
3	☐ x 2	c	Der Umsatz ist zurückgegangen.
4	☐ / 2	d	Der Umsatz hat sich verdreifacht
5	☐ x 3	e	Der Umsatz hat sich halbiert.

b Lesen Sie folgenden Geschäftsbericht und ergänzen Sie die Informationen aus dem Kasten.

vergrößert | zahlreiche | Einstellung | steigern | gesunken | gestiegen | Steigerung | erhöhte | erhöht | betrug | gesenkt

Geschäftsbericht Firma Desai AG – Geschäftsjahr 20xx

Im vergangenen Geschäftsjahr 20xx konnte unser Unternehmen die Umsätze international weiter ....1.......... . Dank unserer Präsenz auf zahlreichen Messen der Automobilindustrie und Digitaltechnologie konnten ....2.......... neue Kunden im Ausland gewonnen werden. Besonders die Märkte in Asien haben sich als sehr empfänglich für unsere Produkte erwiesen.

Im ersten Quartal konnten wir den Umsatz unseres Unternehmens um knapp 5 % steigern. Das ....3.......... Auftragsvolumen haben wir durch die ....4.......... weiterer Mitarbeiter in unserem Werk gut bewältigt. Die Anzahl unserer Mitarbeiter ist von 3000 auf 3050 gestiegen.

Im zweiten Quartal ist der Umsatz innerhalb Deutschlands leicht ....5.......... . Statt der erwarteten 12 Millionen Euro ....6.......... der Umsatz hier nur 9,5 Millionen Euro. Durch das starke Auslandsgeschäft ist der Gesamtumsatz allerdings wiederum ....7.......... .

Im dritten Quartal hat das Unternehmen neue Mitarbeiter für die Forschung und Entwicklung gewonnen. Auch die Anzahl der Mitarbeiter im Vertrieb wurde noch einmal ....8.........., sodass wir inzwischen 3100 Mitarbeiter beschäftigen. Die Kosten für die Produktion konnten ....9.......... werden und lagen 10 % unter den Kosten des Vorjahres.

Schließlich brachte das vierte Quartal eine weitere ....10.......... unserer Umsätze. Wir konnten einen führenden Autohersteller aus Japan als weiteren Kunden gewinnen. Wahrscheinlich können wir im neuen Jahr weitere Arbeitsplätze schaffen. Dazu wird das Werk in Hamburg ....11.........., um die Produktion steigern zu können.

c Entscheiden Sie, welches Verb passt. Kreuzen Sie an.

1 Die Firma hat den Umsatz a ☐ gestiegen. b ☐ gesteigert.
2 Die Anzahl der Mitarbeiter ist a ☐ gestiegen. b ☐ gesteigert.
3 Die Firma hat die Kosten a ☐ gesunken. b ☐ gesenkt.
4 Die Kosten sind a ☐ gesunken. b ☐ gesenkt.

d Schreiben Sie Sätze über das Diagramm.

Umsätze im Jahr 20xx (in Millionen Euro)

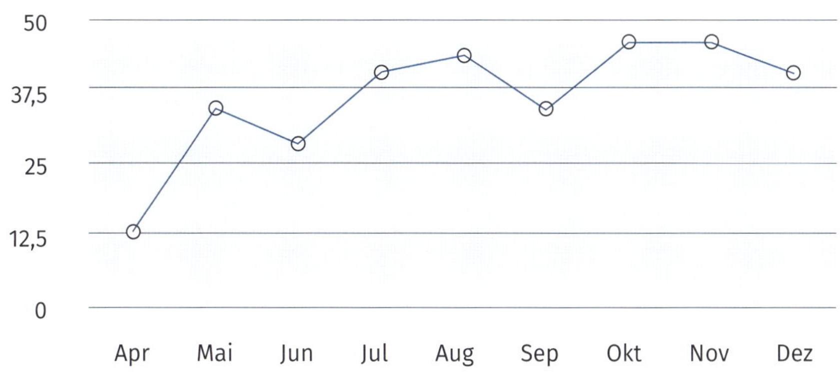

Beispiel:

Von April bis Mai haben sich die Umsätze fast verdreifacht.

e Wenn Sie das Schreiben über Statistiken intensiver trainieren wollen, fertigen Sie Statistiken über Ihren Kurs/Ihre Schule an. Befragen Sie andere Teilnehmer, sammeln Sie die Daten und schreiben Sie über die Entwicklung.

Beispiel:

Im Januar hatte unsere Schule 150 Kursteilnehmer. Danach ist die Anzahl leicht auf 170 gestiegen.
Zwei Monate später ...

Auch Kündigungen von Verträgen gehören zum Berufsleben. Vielleicht möchten Sie selbst Ihren Arbeitsplatz verlassen, vielleicht müssen Sie die Zusammenarbeit mit einem Lieferanten oder einem anderen Mitarbeiter, Auszubildenden oder Praktikanten beenden. Kündigungen werden grundsätzlich in einem formellen Stil geschrieben.

1 Gründe für Kündigungen

Schauen Sie sich die folgenden Gründe für Kündigungen an. Lesen Sie die Redemittel im Kasten, wählen Sie ein passendes aus und formulieren Sie ganze Sätze. Einige Redemittel können Sie mehrfach benutzen.

1 anhaltende Lieferverzögerungen
2 besseres Angebot von einem Mitbewerber
3 Ehepartner/Ehepartnerin hat neue Stelle in einer anderen Stadt
4 Stellenangebot mit besseren Bedingungen
5 Studienplatz/Ausbildungsplatz
6 Auszeit/Sabbatical
7 Rückgang der Umsätze
8 Selbstständigkeit
9 Hilfe für Eltern im Heimatland
10 unzuverlässige Gebäudereinigung
11 erneute Abmahnung wegen Unpünktlichkeit und unentschuldigtem Fernbleiben

REDEMITTEL

... Deshalb kündige ich hiermit meinen bestehenden Arbeitsvertrag fristgemäß zum 30. November 20xx.

Wir müssen Ihnen leider mitteilen, dass wir Sie nach dem 30. November 20xx nicht weiter beschäftigen können, da ...

Ich kündige hiermit meinen Praktikumsplatz fristgemäß zum 30. November 20xx, weil ...

Da ..., muss ich Ihnen leider mitteilen, dass ich hiermit meinen Arbeitsplatz zum 30. November 20xx kündige.

Wegen ... habe ich mich entschlossen, meinen Arbeitsvertrag fristgemäß zum 30. November 20xx zu kündigen.

... Aus diesem Grund haben wir uns nach reiflicher Überlegung entschlossen, den mit Ihnen bestehenden Vertrag zu kündigen.

Aufgrund ... muss ich Sie leider darüber informieren, dass wir unsere bisherige Zusammenarbeit beenden werden.

Ich habe mich entschlossen, ... Daher kündige ich meinen Arbeitsvertrag mit Ihnen fristgemäß zum 30. November 20xx.

Beispiel:

1 *Leider ist es in der Vergangenheit immer wieder zu Verzögerungen Ihrer Lieferungen an unser Werk gekommen. Aus diesem Grund haben wir uns nach reiflicher Überlegung entschlossen, den mit Ihnen bestehenden Vertrag zu kündigen.*

2 Den eigenen Arbeits-/Praktikums-/Ausbildungsplatz kündigen

a Was könnten/sollten Sie bei einer persönlichen Kündigung als Grund angeben? Kreuzen Sie an.

1 ☐ Sie mögen Ihren Chef nicht.
2 ☐ Sie möchten sich in Zukunft auf Ihre Familie konzentrieren.
3 ☐ Sie haben einen neuen Arbeitsplatz mit besseren Karrierechancen gefunden.
4 ☐ Sie haben keine Lust mehr auf Ihren Arbeitsplatz.
5 ☐ Sie müssen aus privaten Gründen umziehen.
6 ☐ Sie haben viele Probleme mit Ihren Kolleginnen und Kollegen.
7 ☐ Die Arbeit ist Ihnen zu anstrengend.
8 ☐ Sie möchten sich beruflich verändern und eine Ausbildung/ein Studium beginnen.

b Welche der folgenden Wörter/Wendungen drücken Bedauern aus? Kreuzen Sie an.

1 ☐ leider	4 ☐ leidtun	7 ☐ bedauerlicherweise	9 ☐ unglücklicherweise
2 ☐ glücklicherweise	5 ☐ sich freuen	8 ☐ bereuen	10 ☐ aufgeben
3 ☐ bedauern	6 ☐ bedauerlich		

c Schreiben Sie Sätze mit den Adverbien/Verben, die Bedauern ausdrücken. Überlegen Sie dabei, wo im Satz die Adverbien stehen und welche Strukturen den Verben folgen können oder müssen. Probieren Sie verschiedene Alternativen aus.

Beispiel:

1 *Leider muss ich meinen Arbeitsvertrag zum 30. November 20xx kündigen. /*
Ich muss leider meinen Arbeitsvertrag zum 30. November 20xx kündigen.

2 *Ich bedaure, dass ich meinen Arbeitsvertrag zum 30. November 20xx kündigen muss. /*
Ich bedaure, meinen Arbeitsvertrag zum 30. November 20xx kündigen zu müssen.

d Nanh Nguyen kündigt seinen Praktikumsplatz. Lesen Sie seine E-Mail und ordnen Sie den Sätzen ihre Funktionen zu.

1 [*h*] Nanh äußert seine Dankbarkeit.
2 ☐ Nanh begründet seine Kündigung.
3 ☐ Nanh bittet um eine Bestätigung für sein Praktikum.
4 ☐ Nanh bittet die Personalabteilung, seine Kündigung zu bestätigen.
5 ☐ Nanh nennt das Ende seines Praktikums.
6 ☐ Nanh sagt, dass er aufhört zu arbeiten.
7 ☐ Nanh drückt seine Gefühle aus.
8 ☐ Nanh erklärt, warum das Praktikum ihm geholfen hat.
9 ☐ Nanh erklärt, warum er nicht in Hamburg bleiben kann.
10 ☐ Nanh drückt Bedauern aus.
11 ☐ Nanh schreibt, dass er später gern manchmal zu Besuch kommen möchte.

Von:

An: personal@seniorenstift-flottbek.de

Betreff: Kündigung meines Praktikumsplatzes

Sehr geehrte Damen und Herren,

(a) ich muss Ihnen leider mitteilen, dass ich meinen Praktikantenvertrag zum (b) 30. September 20xx kündige, (c) weil ich zum Wintersemester 20xx einen Studienplatz für Medizin bekommen habe. (d) Meine zukünftige Universität ist in Düsseldorf, sodass ich für das Studium umziehen werde und nicht weiter in Hamburg arbeiten kann.

(e) Ich bedaure, im September Abschied nehmen zu müssen und (f) werde sowohl die Patienten als auch die Kolleginnen und Kollegen vermissen. (g) Obwohl ich mich sehr auf mein Studium freue, hoffe ich, dass ich Sie alle ab und zu besuchen kann.

(h) Außerdem möchte ich mich schon jetzt ganz herzlich für die schöne Zeit und die Erfahrungen, die ich hier sammeln konnte, bedanken. (i) Ich habe viele Dinge gelernt, die mir in meinem Studium sicher nützlich sein werden.

(j) Bitte seien Sie so nett und schicken Sie mir in den nächsten Tagen eine Bestätigung dieser Kündigung. (k) Über ein Praktikumszeugnis freue ich mich ebenfalls sehr.

Vielen Dank im Voraus und herzliche Grüße

Nanh Nguyen

3 Auf eine Kündigung angemessen reagieren

a Welcher der folgenden Texte reagiert aus Ihrer Sicht am besten auf Nanhs Kündigung? Warum?

1 Mit Bedauern haben wir Ihre Kündigung zur Kenntnis genommen und hoffen sehr, dass Sie Ihre Entscheidung noch einmal überdenken möchten. Daher schlagen wir vor, dass wir uns demnächst zu einem persönlichen Gespräch treffen.

2 Obwohl wir Ihr Ausscheiden sehr bedauern, gratulieren wir Ihnen herzlich zu Ihrem Studienplatz und wünschen Ihnen viel Erfolg in Düsseldorf.

3 Wir freuen uns sehr, dass Sie einen Studienplatz für Medizin bekommen haben und wünschen Ihnen auf Ihrem weiteren Lebensweg alles Gute.

b Dimitra Papadopoulou hat die Kündigung eines Pflegers in der Elbstrand Klinik erhalten. Der Pfleger möchte nach Berlin umziehen, weil seine Frau dort eine neue Stelle gefunden hat. Schreiben Sie Dimitras Antwort auf die Kündigung. Drücken Sie Ihr Verständnis und Ihr Bedauern aus. Bestätigen Sie den Kündigungstermin und dass Sie die Kündigung erhalten haben.

4 Einen Vertrag mit einer anderen Firma kündigen

a Welche Probleme haben die Unternehmen mit ihren Dienstleistern? Ordnen Sie zu.

1 ☐ Seniorenstift Flottbek
2 ☐ Sanitär Möller
3 ☐ Altstadthotel Altona
4 ☐ Vodega GmbH
5 ☐ Elbstrand Klinik

a Transport der Kleidung vom Hamburger Hafen zu den Kunden dauert zu lange
b wiederholte Störungen bei der Software für die Krankenkassenabrechnungen
c Probleme bei der Reinigung der Patientenzimmer
d abgelaufene Lebensmittel geliefert
e Reinigung der Arbeitskleidung für Baustellen mangelhaft

b Ergänzen Sie die Wörter aus dem Kasten in der Kündigungsmail.

überhaupt | wiederholten | künftig | vielen | mangelhaft | trotz | beschlossen | zwischen | daran | daher

Von:
An: carsten.lehmann@waescheblitz.de
Betreff: Kündigung des Vertrags ....1........ unserem und Ihrem Unternehmen zum 31.07.20xx

Sehr geehrter Herr Lehmann,

zum ....2........ Mal hat Ihr Unternehmen die Baustellenkleidung unserer Mitarbeiter ....3........ gereinigt zurückgegeben. Einige Teile waren ....4........ nicht gewaschen und konnten nicht benutzt werden. ....5........ des Versprechens Ihrer Kundenbetreuung hat sich ....6........ bis heute nichts geändert.

Aus diesem Grund haben wir ....7........, ...8........ mit einem anderen Anbieter zusammenzuarbeiten, und kündigen ....9........ unseren Vertrag mit Ihrem Unternehmen zum 31.07.20xx.

........10........ Dank für eine kurze Bestätigung.

Mit freundlichen Grüßen

Heinz Möller, Inhaber Sanitär Möller

c Schreiben Sie die Sätze mit den Wörtern in Klammern zu Ende. Setzen Sie die richtigen Konnektoren bzw. Präpositionen ein, wenn welche benötigt werden.

Von:
An: hanna.jentzsch@hamman.de
Betreff: Kündigung des Lieferantenvertrags

Sehr geehrte Frau Jentzsch,

beim Überprüfen Ihrer Lebensmittellieferungen ist uns aufgefallen, ...1........ (einige der Lebensmittel waren abgelaufen). Dies ist nicht nur unprofessionell, ...2........ (ein Gesundheitsrisiko für unsere Gäste bedeuten).

Als Hotel der Luxusklasse können wir uns solche Mängel nicht erlauben, ...3........ (unsere Gäste auf Spitzenqualität bestehen). Deshalb sehen wir uns leider gezwungen, ...4........ (den Vertrag mit Ihnen kündigen).

Diese Kündigung gilt ....5........ (Verstoß gegen den Vertrag) ab sofort.

Mit freundlichen Grüßen

Stefan Frenzel, F & B Manager Altstadthotel Altona

d Formulieren Sie die einzelnen Sätze der E-Mail aus. Achten Sie auf die Verbformen.

Von:

An: kerstin.reimann@translatissimo.de

Betreff:

Sehr geehrte Frau Reimann,

Ihre Software „Traductino 2.0“ | ich | verwenden | seit Jahren | es gibt | doch | Probleme | zu viele | jetzt | damit.

kaufen | vor zwei Monaten | ich | einen neuen Computer | haben | der | ein anderes Betriebssystem.

sagen | Ihre Supportabteilung | mir | Ihre Software | vollständig kompatibel | sein | mit diesem System | nicht | dass.

ich | entschließen | nach einigen Abstürzen | mich | deshalb | leider | kündigen | mit Ihnen | den Lizenzvertrag.

eine zeitnahe Bestätigung | ich | im Voraus | Ihnen | danken.

Mit freundlichen Grüßen

Fahdi Samet, Übersetzer

e Wählen Sie weitere Beispiele aus Aufgabe a aus und schreiben Sie Kündigungen. Achten Sie darauf, einen Grund für die Kündigung und einen Termin für das Vertragsende zu nennen und vergessen Sie auch nicht einen Betreff, eine Anrede und einen Schluss.

5 Eine Kündigung bestätigen

a Bringen Sie die Sätze für die Bestätigungsmail in eine sinnvolle Reihenfolge.

- ☐ a Doch vielleicht ergibt sich zu einem anderen Zeitpunkt eine neue Gelegenheit zur Zusammenarbeit.
- ☐ b Ihre Kündigung zum Vertrag mit der Kundennummer 33557799 ist am 02.04.20xx bei uns eingegangen.
- ☐ c Sehr geehrter Herr Schmitz,
- ☐ d Wir bedauern sehr, dass Sie sich entschlossen haben, künftig keinen Strom mehr über uns zu beziehen.
- ☐ e Sprechen Sie uns gern an.
- ☐ f Da unser Strom zu 100 % ökologisch erzeugt wird, liegen unsere Preise tatsächlich über denen von manchen Mitbewerbern.
- ☐ g Entsprechend endet der Vertrag zwischen Ihrem und unserem Unternehmen fristgemäß am 31.07.20xx.
- ☐ h Mit freundlichen Grüßen
- ☐ i Bestätigung Ihrer Kündigung (Kundennummer 33557799)
- ☐ j Für die Zukunft wünschen wir Ihnen weiterhin viel Erfolg und alles Gute.

b Bestätigen Sie schriftlich die anderen Kündigungen. Vergessen Sie nicht den Betreff, die Anrede und den Schluss.

Auszubildende in Deutschland müssen ein sogenanntes Berichtsheft führen. In diesem Heft werden (meistens wöchentlich) die Tätigkeiten und Lerninhalte im Betrieb sowie die Themen in der Berufsschule festgehalten. So schreibt der/die Auszubildende jede Woche einen Ausbildungsnachweis, der vom Ausbilder/von der Ausbilderin unterschrieben werden muss. Ohne ein vollständiges Berichtsheft wird man nicht zur Abschlussprüfung zugelassen.

Am besten ist es, das Berichtsheft regelmäßig zu führen, damit man sich gut daran erinnert, was man gelernt hat. Die Ausbilder schauen sich das Berichtsheft normalerweise einmal pro Monat an. Die Wochenberichte werden manchmal in Stichpunkten und manchmal in ganzen Sätzen geschrieben. Formelle Sprache ist üblich.

1 Einen Ausbildungsnachweis in Stichpunkten schreiben

a Malaika Hadrawis wöchentlicher Ausbildungsnachweis: Lesen Sie den Text und markieren Sie Malaikas Tätigkeiten im Hotel und im Unterricht sowie die Lerninhalte im Hotel und die Themen im Berufsschulunterricht.

Meine Woche im Hotel und in der Berufsschule

Ich heiße Malaika Hadrawi und bin im ersten Jahr meiner Ausbildung zur Hotelfachfrau. Während der Ausbildung lerne ich die verschiedenen Abteilungen des Altstadthotels Altona kennen. Im Moment bin ich in der Hotelbar tätig und habe deshalb meistens Spätdienst.

Während der letzten Woche habe ich zu Beginn der Arbeit (1) die Tische eingedeckt und die Angebotstafeln mit unseren Spezialitäten geschrieben. Meine Ausbilderin sagt, dass ich eine sehr schöne Schrift habe, die ideal für die Tafeln ist.

Außerdem habe ich im Service gearbeitet. Das bedeutet, dass ich die Gäste begrüße, sie nach ihren Wünschen frage und sie auch mal berate, wenn sie unschlüssig sind. Ich muss alle Getränke kennen und auch etwas über den Geschmack sagen können.

Natürlich muss ich die Gäste auch bedienen, d.h. die bestellten Getränke auf einem Tablett zum Tisch bringen. Dabei ist es wichtig, dass man das Tablett gerade hält, damit nichts überschwappt oder herunterfällt. Das üben wir regelmäßig, bevor die Gäste kommen, auch in dieser Woche.

Am Dienstag hatten wir eine Hygieneschulung im Hotel. Da haben wir gelernt, wie wir bei der Arbeit für Sauberkeit und Hygiene sorgen. Man darf Gläser z.B. niemals oben am Rand anfassen und muss Eis und Obst immer mit einer Zange in die Gläser geben. Auch die Tische müssen regelmäßig abgewischt werden, wenn die Gäste sie verlassen. Das gehört zu unseren Standards und alle im Team sind dafür verantwortlich, dass nicht nur der Service, sondern auch die Hygiene stimmt.

Am Freitag hatte ich Berufsschule. Die Fächer waren Deutsch, Betriebsführung und Praktischer Service. Im Deutschunterricht haben wir Angebote für zukünftige Gäste geschrieben. In Betriebsführung haben wir gelernt, wie man den Bestand kontrolliert und Bestellungen durchführt. Schließlich sind wir in Praktischer Service verschiedene Szenarien mit Sonderwünschen von Gästen durchgegangen und haben zusammen überlegt, wie man darauf reagieren kann.

b Hier sehen Sie ein Beispiel für eine Seite aus dem Berichtsheft von Malaika Hadrawi. Ergänzen Sie die Informationen aus dem Text in Stichpunkten.

Name des/der Auszubildenden:	Hadrawi, Malaika		
Ausbildungsjahr:	20xx	Ggf. ausbildende Abteilung:	Hotelbar
Ausbildungswoche vom:	01.04.	bis:	08.04.20xx

Betriebliche Tätigkeiten	Stunden
– Eindecken der Tische in der Bar – ...	28
Unterweisungen, betrieblicher Unterricht, sonstige Schulungen	**Stunden**
– ... – ...	4
Themen des Berufsschulunterrichts	**Stunden**
– ... – ...	8

Durch die nachfolgende Unterschrift wird die Richtigkeit und Vollständigkeit der obigen Angaben bestätigt.

....

Datum, Unterschrift Auszubildende/r Datum, Unterschrift Ausbildende/r oder Ausbilder/in

c Ordnen Sie die folgenden betrieblichen Tätigkeiten und Unterrichtsthemen den verschiedenen Ausbildungsberufen zu.

Berufe

1 Tischler/in ☐☐☐☐☐

2 Maurer/in ☐☐☐☐☐

3 IT-Fachmann/-frau ☐☐☐☐☐

4 Elektriker/in ☐☐☐☐☐

Tätigkeiten/Unterrichtsthemen

a Zuschnitt von Holzteilen
b Berechnung von Spannung in Stromkreisen
c Einrichtung eines firmeninternen Mailservers
d Schleifen und Polieren von Oberflächen
e Gießen eines Fundaments
f Kontrolle und Reparatur von Steckdosen
g Bohren von Montagelöchern
h Abmauern einer Gebäudeecke
i Bedienung einer Kreissäge
j Baustoffkunde
k Wartung der Server
l Einbau einer Trockenwand als Raumteiler
m Sicherheitsausrüstung (Schutzbrille, Gehörschutz, Atemschutz)
n Abzweigung von bestehenden Leitungen (unter Putz)
o Einrichten eines Betriebssystems im Netzwerk

2 Stichpunkte ausformulieren

a Manche Ausbildungsbetriebe erwarten auch ausformulierte Texte im Berichtsheft oder zusätzliche Berichte, die z. B. ein bestimmtes Thema der Ausbildung genauer erklären. Sie finden unten einige Stichpunkte für das Berichtsheft einer Auszubildenden zur Friseurin. Überlegen Sie, wie die Verben heißen, die Sie aus den Nomen ableiten können.

Betriebliche Tätigkeiten:

- *Kasse*
- *Anlegen von Umhängen zum Schutz der Kleidung*
- *Beratung über Pflegeprodukte*
- *Untersuchung der Kopfhaut auf Erhebungen*
- *Haarpflege*
- *Bartrasur*

Unterweisungen, betrieblicher Unterricht:

- *Schulung zu künstlicher Haarverlängerung (Extensions)*

Themen des Berufsschulunterrichts:

- *Preisberechnung (Betriebswirtschaft)*
- *Übungen zu Beratungsgesprächen (Deutsch)*
- *Informationen über Allergien und Unverträglichkeiten (Haar- und Kopfhautpflege)*

Beispiel:

– *Kasse → kassieren*

b Benutzen Sie die Verben nun, um ganze Sätze zu schreiben.

Beispiel:

– *Ich habe bei einigen Kunden nach der Behandlung kassiert.*

c Verbinden Sie Ihre Sätze nun mit Konnektoren, damit ein fließender Text entsteht. Nützliche Konnektoren finden Sie hier.

in dieser Woche | ein paar Mal | außerdem | dann ... noch | ebenfalls | danach | darüber hinaus | schließlich | am gleichen Tag | später | zusätzlich

Beispiel:

– *In dieser Woche habe ich bei einigen Kunden nach der Behandlung kassiert.*

3 Einen Kurzaufsatz über berufliche Themen schreiben

a In einem Kurzaufsatz über Ihren Beruf schreiben Sie, was Sie durch Ihre Ausbildung über typische Tätigkeiten und deren Zweck wissen. Wenn Sie in Ihrem Berichtsheft einen Kurzaufsatz schreiben, wählen Sie vorher ein Thema und notieren, was bei dieser Tätigkeit besonders wichtig ist, oder beschreiben die Tätigkeit (Ablauf, nötige Hilfsmittel/Geräte etc.).
Sie finden hier typische Tätigkeiten von Auszubildenden in verschiedenen Betrieben. Ordnen Sie jede Tätigkeit einem Ausbildungsberuf zu.

Ausbildungsberufe		Tätigkeiten
1	☐ Einzelhandelskaufmann/-frau	a Lebensmittel einkaufen
2	☐ Friseur/in	b Teile für einen Verkaufsstand sägen und montieren
3	☐ Hotelfachmann/-frau	c Sehstärke messen
4	☐ Mediengestalter/in	d Kräftigungsübungen für den Rücken
5	☐ Gas- und Wasserinstallateur/in	e Gestaltung von Verkaufsflächen
6	☐ Koch/Köchin	f Kopfhautpflege
7	☐ Physiotherapeut/in	g Hochzeitstorten herstellen
8	☐ Optiker/in	h Fotos am Computer bearbeiten
9	☐ Tischler/in	i Gestaltung und Ausstattung von Zimmern
10	☐ Konditor/in	j Einbau einer Fußbodenheizung

b Schreiben Sie, was man in einem Ausbildungsberuf wissen muss.

Beispiel:

1 *Ein Einzelhandelskaufmann muss wissen, wie man eine Verkaufsfläche gestaltet.*

c Überlegen Sie als Nächstes, warum diese Kenntnisse im Beruf wichtig sind, und schreiben Sie es ebenfalls auf.

Beispiel:

1 *Ein Einzelhandelskaufmann muss wissen, wie man eine Verkaufsfläche gestaltet.*
Die Positionierung und Präsentation der Ware kann Kunden zum Kauf motivieren.

d Überlegen Sie jetzt, wie man dieses Ziel erreichen kann. Worauf sollte man achten? Welche Arbeitsschritte sind nötig? Notieren Sie zunächst Ihre Ideen.

Beispiel:

1 *– Sonderangebote oder neue Waren am Eingang*
– Waren müssen übersichtlich angeordnet sein
– Kunden müssen sich schnell orientieren können
– Atmosphäre des Geschäfts (Licht, Musik, Farben etc.) muss zu typischen Kunden passen
– Geschäft sollte sauber und aufgeräumt wirken
– …

e Benutzen Sie Ihre Notizen, um einen Kurzaufsatz zu schreiben. Wählen Sie dazu einen der Berufe aus Aufgabe 3a.

Beispiel:

1 *Ein Einzelhandelskaufmann muss wissen, wie man eine Verkaufsfläche gestaltet.*
Die Positionierung und Präsentation der Waren kann Kunden zum Kauf motivieren. Dabei sollte man beachten, welche Waren an welcher Stelle im Laden angeboten werden und welchen Eindruck das Geschäft insgesamt macht.
Sonderangebote im Eingangsbereich motivieren Kunden, den Laden zu betreten, weil es vielleicht Waren zu günstigen Preisen zu kaufen gibt. Dies bietet sich vor allem an, wenn sich das Geschäft an einem Ort befindet, an dem viele Leute vorbeikommen.

4 Über die eigenen beruflichen Themen schreiben

a Recherchieren Sie über Ihren eigenen Beruf bzw. den Beruf, für den Sie sich interessieren. Informationen finden Sie z. B. auf www.berufenet.arbeitsagentur.de. Notieren Sie Stichpunkte zur Ausbildung und zu den Tätigkeiten.

b Schreiben Sie einen Wochenbericht für diesen Beruf. Wählen Sie dann eine typische Tätigkeit aus und schreiben Sie einen Kurzaufsatz darüber. Die Redemittel unten können Ihnen dabei helfen.

REDEMITTEL

Bei der Arbeit im Betrieb haben wir ...

Im Betrieb haben wir uns diese Woche mit ... beschäftigt.

Am ... (Datum) hatten wir eine Schulung zum Thema ...

In der Berufsschule (Fach: ...) haben wir gelernt, ...

Thema des Berufsschulunterrichts im Fach ... in dieser Woche war ...

Es ist wichtig für eine/n ... (Berufsbezeichnung), ...

Als ... (Berufsbezeichnung) muss man wissen, ...

Eine typische Tätigkeit im Beruf ... ist ...

Dabei sollte man darauf achten, ...

Besonders wichtig bei dieser Tätigkeit ist, ...

Beispiel:

Im Betrieb haben wir uns diese Woche mit der Annahme von Buchungen an der Rezeption beschäftigt.
Als Hotelfachfrau muss man wissen, wie man das Buchungssystem bedient, um schnell auf Anfragen reagieren zu können.

Sie möchten sich selbstständig machen? Eine eigene Firma gründen? Dann brauchen Sie möglicherweise einen Businessplan. Dieses Dokument stellt Ihre Geschäftsidee vor und erklärt weitere Gegebenheiten Ihres Gründungsvorhabens. Dies sind wichtige Informationen, die Sie zum Beispiel mit einer Bank besprechen, wenn Sie einen Kredit für Ihr Unternehmen benötigen. Für Ämter ist ein Businessplan ebenfalls sinnvoll, weil Sie damit Genehmigungen beantragen können. Auch wenn Sie keinen Kredit brauchen, hilft Ihnen ein Businessplan, den Überblick zu behalten und Informationen zu sammeln, die einzelne Aspekte Ihrer Firmengründung festhalten, damit Sie nichts vergessen. Außerdem können Sie Ihre Geschäftsidee mit einem Businessplan überprüfen und sich klarmachen, ob es wirklich eine gute Idee ist.

1 Die Teile eines Businessplans

a Ordnen Sie den Teilen eines Businessplans die Definitionen a–k unten zu.

1 ☐ Zusammenfassung
2 ☐ Profil des Gründers
3 ☐ Geschäftsidee
4 ☐ Produkt/Dienstleistung
5 ☐ Marktsituation
6 ☐ Wettbewerbssituation
7 ☐ Standort
8 ☐ Marketing und Vertrieb
9 ☐ Unternehmensorganisation
10 ☐ Kapitalbedarf und Finanzierung
11 ☐ Betriebswirtschaftliche Planrechnung

a Informationen zum Unternehmen, z. B. Anzahl der Mitarbeiter, Öffnungs- bzw. Arbeitszeiten, eigene Aufgaben etc.

b Vorstellung des Unternehmensgründers, z. B. Informationen zur eigenen Qualifikation, Motivation für die Selbstständigkeit etc.

c Information darüber, wie viel Geld für die Gründung gebraucht wird und woher es kommt

d Angaben dazu, warum das Unternehmen funktionieren kann und wie es sich in den kommenden Jahren entwickeln soll

e Aufstellung der erwarteten Einnahmen und Kosten für die kommenden Monate/Jahre

f Angaben zur Marktlage, z. B. mögliche Kunden, Nachfrage nach dem Produkt/der Dienstleistung etc.

g Überlegungen zu anderen Anbietern mit ähnlichen Produkten/Dienstleistungen

h kurzer Überblick über den Businessplan

i Platz, wo das Unternehmen sich befinden soll, und Begründungen dazu

j Angebot des Unternehmens, d. h. was man dort kaufen/bestellen kann

k Werbemaßnahmen, z. B. Anzeigen, Flyer, Internet-Werbung, Messeauftritte etc.

b Hier finden Sie Stichpunkte zu den einzelnen Teilen des Businessplans für ein Einzelhandelsgeschäft. Ergänzen Sie die Überschriften aus Aufgabe 1a.

5 Marktsituation

- zwei Lebensmittelgeschäfte (italienische Spezialitäten, Bio-Gemüse) in der gleichen Straße
- ein Supermarkt fünf Minuten zu Fuß entfernt
- zwei Metzgereien und ein Fischgeschäft in der Nähe
- Wochenmarkt

....

- Olivenöle, Dips und Pasten aus eigener Herstellung, Produkte aus dem Mittelmeerraum (Konserven, Saucen, Trockenfrüchte, Hülsenfrüchte, Brotspezialitäten, Gewürze, Käse)
- Snacks aus eigener Herstellung (Salate, Fingerfood etc. zum Mitnehmen)
- zunächst kleine Mengen wegen Haltbarkeit der Lebensmittel

....

- Einkaufsstraße in einem Stadtteil von Köln mit vielen Privatwohnungen
- viele kleine Ladengeschäfte
- viel Laufkundschaft
- zahlreiche Büros in der Nähe

....

- Zoe Vangelis
- 30 Jahre alt
- Einzelhandelskauffrau mit 10 Jahren Berufserfahrung
- lange in einem Spezialitätengeschäft in Düsseldorf gearbeitet

....

- Gründung des Geschäfts zum 01.04.20xx
- viel Erfahrung im Einzelhandel
- großes Interesse an Spezialitäten (Hobbyköchin seit 10 Jahren)
- griechisch-mediterrane Spezialitäten generell beliebt

....

- Öffnungszeiten von 10:00 Uhr morgens bis 19:00 Uhr abends, Montag bis Samstag
- zu Beginn zwei Mitarbeiter für den Verkauf, beide Teilzeit
- eigene Arbeit: Verkauf, Zubereitung der Snacks, Einkauf, Buchhaltung

....

- Eigenmittel ca. 20 000 €
- Kapitalbedarf 60 000 €
- Finanzierung über Gründerbank

....

- viele Kunden auf der Straße wegen der kleinen Geschäfte
- viele Büros in der Nähe (Mittagessen)
- Snacks laden zum Kauf von Zutaten ein

....

- Kosten für das 1. Geschäftsjahr:
- Gehälter ca. 3000 €/Monat
- Ersteinkauf ca. 10 000 €
- Einrichtung ca. 20 000 €
- Miete 1800 €/Monat

....

- Supermärkte und Wochenmarkt bieten teilweise die gleichen Produkte an
- bisher aber keine Snacks und nicht alle Spezialprodukte
- Sortiment kann jederzeit erweitert/verändert werden

....

- Eröffnungsevent
- regelmäßige Probierangebote
- Flyer

2 Einen Businessplan schreiben

a Ergänzen Sie nun das Gründerprofil unten. Überlegen Sie sich weitere Informationen zur Person, die wichtig für den Erfolg des Unternehmens sein könnten. Ein Gründerprofil stellt die Qualifikationen, persönlichen Eigenschaften und Voraussetzungen des Gründers dar.

2 Profil des Gründers

...1... Zoe Vangelis und ...2... alt. Im Jahr 20xx habe ich meine ...3... mit gutem Erfolg ...4.... Seitdem arbeite ich in ...5.... Inzwischen ...6... 10 Jahre Berufserfahrung im Verkauf von ...7....

Vor einiger Zeit habe ich mich entschlossen, ...8.... Während meiner Ausbildung und durch meine langjährige Berufserfahrung habe ich gelernt, wie ...9.... Mit diesem Wissen bin ich sicher gut geeignet, ein Geschäft ...10....

Außerdem habe ich in den letzten Jahren viele eigene Rezepte für ...11... und einige davon erfolgreich an meinem Arbeitsplatz ...12.... Die Kunden waren ...13... von meinen Produkten.

Meine ...14... sind meine ...15... im Umgang mit Kunden, meine hohe ...16..., wenn es mehr Arbeit gibt, und schließlich meine ...17... beim Entwickeln neuer Rezepte für mediterrane Snacks. Bei Misserfolgen ...18..., sondern analysiere die Situation und suche nach ...19....

Glücklicherweise kann ich mich außerdem immer auf meinen Mann ...20..., der mich bei meinem Vorhaben tatkräftig unterstützt.

b Das nächste Kapitel eines Businessplans ist die Geschäftsidee. Hier erklären Sie, wie Sie sich Ihr Unternehmen vorstellen und welche Motivation Sie für die Gründung haben. Überlegen Sie sich etwas zur Motivation und zu den Zukunftsperspektiven und schreiben Sie. Verwenden Sie auch die Notizen aus 1b.

3 Geschäftsidee

Ich möchte ein Ladengeschäft für mediterrane Spezialitäten gründen.

...1.... (Termin, Name des Geschäfts, Angebot, Begründung)

Ich träume schon lange von ...2.... (Persönliche Motivation, eigene Fähigkeiten)

Meine Hoffnung für die kommenden Jahre ist, ...3.... (Zukunftsperspektiven, Entwicklung des Geschäfts, Wie sollen die Ziele erreicht werden?)

c Schreiben Sie nun einen kurzen Text über das Produkt. Erklären Sie Details über Ihre Waren, wie viele Produkte angeboten werden etc. Machen Sie auch deutlich, dass Sie sich Gedanken über mögliche Risiken gemacht haben. Beantworten Sie zunächst die Fragen, die Notizen unter Aufgabe 1b helfen Ihnen dabei. Formulieren Sie dann den ganzen Text.

1 Wie viele Produkte gibt es ungefähr?
2 Um welche Produkte handelt es sich?
3 Was ist interessant an den Produkten?
4 Warum verkaufen Sie genau diese Produkte?
5 Welche Risiken sehen Sie?
6 Was tun Sie dagegen?

4 Produkt/Dienstleistung

In meinem Geschäft möchte ich mediterrane Lebensmittel und selbst hergestellte kleine Speisen zum Mitnehmen anbieten. ...

d Die Marktsituation können Sie mit etwas Recherche besser beurteilen. Verwenden Sie folgende Umfrageergebnisse. Schreiben Sie eine Begründung, warum das Geschäft gute Chancen am Markt hätte.

1 70 % der Kunden von kleinen Geschäften schätzen die Qualität und das spezielle Angebot.

2 50 % der Kunden finden die persönliche Beratung in kleinen Geschäften wichtig.

3 40 % der Kunden empfinden eine persönlichere Beziehung zu kleineren Geschäften.

4 60 % der Kunden kaufen auch im Supermarkt und im Internet, legen aber gerade bei Lebensmitteln Wert auf neue Entdeckungen.

5 Marktsituation

Kleine Geschäfte liegen durchaus im Trend. Beispielsweise stellte sich in einer Umfrage unter Kunden heraus, dass 70 % ...

e Auch zum Wettbewerb sollten Sie sich Gedanken machen. Welche anderen Geschäfte sind in der Nähe? Welche Rolle spielt das Internet? Werden viele Ihrer Produkte auch online angeboten? Vervollständigen Sie die Sätze mithilfe der Notizen aus Aufgabe 1b.

6 Wettbewerbssituation

In der gleichen Straße befinden sich ……1…… und ……2……. Außerdem gelangt man in ca. 5 Minuten ……3……. In der Nähe gibt es ……4…… und einmal pro Woche ……5……. Aus meiner Sicht ist der Wettbewerb nicht besonders groß. Die anderen Geschäfte ……6……. Das bedeutet, ……7……. Viele Kunden gehen möglicherweise ……8……, um einzukaufen. Auf dem Wochenmarkt gibt es bisher keinen Stand ……9……. Ich sehe mein Geschäft eher als ……10……. Wahrscheinlich nehmen die Kunden das Angebot gut an, weil ……11……. Natürlich sind mediterrane Produkte auch im Internet verfügbar. Allerdings handelt es sich dabei normalerweise um ……12……. Frische Snacks ……13…….

f In Ihrem Businessplan müssen Sie auch den Standort Ihres Geschäfts beschreiben. Dieser kann wichtig für den Erfolg des Unternehmens sein. Lesen Sie die Sätze und schreiben Sie Begründungen.

7 Standort

Das Geschäft befindet sich in einer Einkaufsstraße mit vielen anderen kleinen Geschäften. Dies ist ein Vorteil, weil ……1……. Die Einkaufsstraße liegt inmitten eines Wohnviertels in Köln mit zahlreichen Privatwohnungen. Deshalb ……2……. Außerdem befinden sich in der Nähe zahlreiche Büros. Viele der dort Beschäftigten kommen wahrscheinlich in der Mittagspause oder nach der Arbeit vorbei, um ……3…….

g Schauen Sie sich nun die Notizen zum Marketing in Aufgabe 1b an. Wie sollen das Geschäft und die Produkte bekannt gemacht werden? Schreiben Sie einen kurzen Text darüber.

8 Marketing und Vertrieb

Vor der Eröffnung meines Geschäfts möchte ich in der ganzen Nachbarschaft Flyer verteilen, um ……1……. Dann möchte ich ……2……, weil ich denke, dass ……3……. In regelmäßigen Abständen soll es in meinem Geschäft ……4……. Ich bin sicher, dass meine Kunden ……5……. Außerdem könnten so auch ……6…….

h Schließlich überlegen Sie sich, wie Ihr Unternehmen aufgebaut sein soll. Welche Aufgaben übernehmen Sie selbst, was wird von Mitarbeitern erledigt? Welche Unternehmensform wählen Sie und warum? Ergänzen Sie die Verben im folgenden Text und achten Sie auf die passenden Formen.

9 Unternehmensorganisation

Ich ....1........ mein Geschäft als Einzelunternehmen, damit die Gründung möglichst geringe Kosten ....2........ . Dabei ....3........ ich mir darüber im Klaren, dass ich im Fall einer Aufgabe des Unternehmens mit meinem Privatvermögen ....4........ . Den Namen meines Geschäfts ....5........ ich nicht ....6........, weil ich keine eigene Marke ....7........ .

Meine eigenen Aufgaben ....8........ ich darin, Snacks ....9........, die Waren im Großhandel ....10........, die Bücher ....11........ und, wenn möglich, im Verkauf zu ....12........ . Um die gesetzlichen Ladenöffnungszeiten ....13........, werde ich zwei Mitarbeiter in Teilzeit ....14........ . ...15........ von Anfang an viele Kunden unser Geschäft ....16........, kann man die Arbeitszeiten ....17........ oder eine dritte Person ....18........ . Ich ....19........ regelmäßig mit einem Stand am Stadtteilfest ....20........ und ....21........ ebenfalls, einen kleinen Stand auf dem Wochenmarkt ....22........ .

i Die Finanzierung und der Kapitalbedarf werden anhand des Unternehmerlohns (des Geldes, das der Gründer zum Leben braucht) und anhand der nötigen Ausgaben für das Geschäft berechnet. Die Ausgaben für das Geschäft sind normalerweise einmalige (langfristige) Investitionen, wie Geld für eine Renovierung oder einen Umbau der Geschäftsräume. Mittelfristige Investitionen sind das Geld für die ersten Waren und Bürobedarf, kurzfristige Investitionen sind die Ausgaben für die Anmeldung, Einführung, Erstwerbung etc. Überlegen Sie, welche Kosten die Gründerin für ihr eigenes Leben hat, und berechnen Sie den Unternehmerlohn. Die Stichpunkte helfen Ihnen dabei.

1 Miete
2 Nebenkosten
3 Lebensmittel
4 Kleidung
5 Telefon/Internet
6 Freizeit
7 Sonderausgaben
8 Sparen
9 Krankenversicherung
10 andere private Versicherungen
11 Einkommensteuer
12 Kredittilgung
13 Gesamt

j Überlegen Sie nun, welche Kosten die Gründung verursacht, und berechnen Sie die Summe. Schauen Sie in die Notizen aus Aufgabe 1b und schreiben Sie auf, wofür Eigenmittel verwendet werden und wofür Fremdmittel gebraucht werden.

Langfristige Investitionen
- Umbau des Ladens
- Möblierung (Theke, Regale, Kühlschränke)
- Computer und Software
- Reserve
- Gesamt

Mittelfristige Investitionen
- Waren
- Bürobedarf
- Reserve
- Gesamt

Gründungskosten
- Beratung
- Gewerbeanmeldung
- Einführung (Werbung, Geschenke etc.)
- Reserve
- Gesamt

k Jetzt haben Sie fast alle Informationen beisammen. Sie sollten nun noch eine Zusammenfassung (Aufgabe 1a, Punkt 1) schreiben. Hier nennen Sie die wichtigsten Punkte aus allen anderen Teilen des Businessplans. Beispiele für betriebswirtschaftliche Planrechnungen finden Sie im Internet.

l Entwickeln Sie einen Businessplan für ein Unternehmen Ihrer Wahl und schreiben Sie die einzelnen Teile. Diskutieren Sie die Ideen mit anderen Kursteilnehmern und beraten Sie sich gegenseitig.

Das Szenario

Damianos Papadopoulos möchte eine Ausbildung zum Fahrzeugmechatroniker machen. Er hat vor einem Jahr die Realschule abgeschlossen und absolviert im Moment ein Praktikum bei einem Motorenhersteller. Seine Ausbildung möchte er aber lieber in einer großen Kfz-Werkstatt beginnen, weil er sich die Tätigkeiten dort abwechslungsreicher vorstellt.

Damianos geht zuerst zur Agentur für Arbeit, um sich beraten zu lassen und Adressen von Ausbildungsbetrieben in Hamburg zu erhalten. Nach dem Coaching durch einen Mitarbeiter der Arbeitsagentur beginnt er, sich bei Betrieben um einen Ausbildungsplatz zu bewerben.

Berufsgruppe: Mitarbeiter einer Kfz-Werkstatt und Angestellte der Agentur für Arbeit

Rollen

Damianos Papadopoulos

angehender Auszubildender; er möchte Fahrzeugmechatroniker werden und sucht eine Kfz-Werkstatt, in der er eine Ausbildung beginnen kann.

Tobias Müller

Inhaber einer großen Werkstatt für Kraftfahrzeuge; er besitzt die Firma seit 20 Jahren und bildet schon lange Fahrzeugmechatroniker aus. Im Moment ist er auf der Suche nach einem neuen Auszubildenden.

Sandra Klein

Berufsberaterin der Agentur für Arbeit; sie unterstützt junge Menschen auf ihrem Weg in die Berufsausbildung.

Jonas Krüger

Bewerbungscoach bei der Agentur für Arbeit; er übt mit jungen Menschen das Schreiben von Bewerbungen.

Sebastian Haas

Angestellter der Kfz-Werkstatt; er arbeitet bereits einige Jahre in der Werkstatt und hat dort auch seine Ausbildung absolviert.

Was ist zu tun?

Erster Schritt: Kontakt zur Agentur für Arbeit, um Beratung und Unterstützung zu erhalten

Rollen: Damianos Papadopoulos, Sandra Klein

Situation

Damianos nimmt per E-Mail Kontakt zur Arbeitsagentur auf, um einen Beratungstermin zu vereinbaren. Er möchte sich über den Beruf des Fahrzeugmechatronikers informieren, Ausbildungsbetriebe finden und lernen, wie man eine gute Bewerbung verfasst.

Aufgaben

1 **Damianos Papadopoulos**

Schreiben Sie eine E-Mail an die Agentur für Arbeit, in der Sie sich kurz vorstellen. Erläutern Sie Ihre Interessen und beruflichen Ziele. Bitten Sie um einen Beratungstermin.

2 **Sandra Klein**

Schreiben Sie eine Antwort an Damianos, in der Sie einen Termin vorschlagen. Bitten Sie ihn, vorab einen Lebenslauf und ein Bewerbungsschreiben zu schicken und zum Termin auch seine Zeugnisse mitzubringen.

3 **Damianos Papadopoulos**

Bedanken Sie sich und bestätigen Sie den Termin per E-Mail. Fügen Sie Ihren Lebenslauf und ein Bewerbungsschreiben hinzu, damit Sandra Klein eine Vorstellung von Ihren Erwartungen hat.

Zweiter Schritt:	Beratung und Unterstützung bei der Agentur für Arbeit
Rollen:	Damianos Papadopoulos, Sandra Klein, Jonas Krüger

Situation

Sandra Klein informiert Damianos über Ausbildungsmöglichkeiten und erklärt ihm, dass er seinen Lebenslauf und sein Bewerbungsschreiben verbessern muss. Er hat im Lebenslauf einige Informationen vergessen und im Bewerbungsschreiben nicht begründet, warum er sich genau für diesen Beruf interessiert. Sie schickt Damianos zum Bewerbungstraining bei Jonas Krüger.

Aufgaben

1 **Sandra Klein, Damianos Papadopoulos**

Sandra Klein: Erklären Sie Damianos den Verlauf der Ausbildung zum Fahrzeugmechatroniker und geben Sie ihm eine Liste mit Ausbildungsbetrieben. Bitten Sie ihn, sich bei Jonas Krüger zum Bewerbungstraining anzumelden, damit er seine Bewerbungsunterlagen verbessern kann.

Damianos Papadopoulos: Bedanken Sie sich bei Sandra Klein für die Informationen und schreiben Sie, dass Sie umgehend mit Jonas Krüger Kontakt aufnehmen werden.

2 **Damianos Papadopoulos, Jonas Krüger**

Damianos Papadopoulos: Schreiben Sie eine E-Mail an Jonas Krüger und bitten Sie um einen Termin für das Bewerbungstraining. Erklären Sie Ihre Schwierigkeiten.

Jonas Krüger: Laden Sie Damianos zum Bewerbungstraining ein. Nennen Sie Termin und Ort.

Damianos Papadopoulos: Gehen Sie zum Bewerbungstraining und bringen Sie Ihre Unterlagen mit. Finden Sie heraus, wie man eine gute Bewerbung schreibt.

Jonas Krüger: Helfen Sie Damianos dabei, seine Bewerbung zu verbessern.

Dritter Schritt:	Bewerbung um einen Ausbildungsplatz in einer Kfz-Werkstatt
Rollen:	Damianos Papadopoulos, Tobias Müller, Sebastian Haas

Situation

Damianos hat sich eine große und bekannte Kfz-Werkstatt in Hamburg ausgesucht, um dort seine Ausbildung zu absolvieren. Er bewirbt sich und wird zum Vorstellungsgespräch eingeladen.

Aufgaben

1 **Damianos Papadopoulos, Tobias Müller**

Damianos Papadopoulos: Schicken Sie Ihre Bewerbung per E-Mail an Tobias Müller. Stellen Sie sich im Anschreiben kurz vor und erklären Sie Ihr Interesse. Denken Sie an eine passende Betreffzeile und verweisen Sie auf die Bewerbungsunterlagen im Anhang.

Tobias Müller: Beantworten Sie Damianos' E-Mail. Laden Sie ihn zu einem Vorstellungsgespräch ein und nennen Sie den Termin.

2 **Tobias Müller, Sebastian Haas**

Tobias Müller: Schreiben Sie eine E-Mail an Sebastian Haas. Bitten Sie ihn, bei dem Vorstellungsgespräch mit dem neuen Auszubildenden dabei zu sein und sich den Termin freizuhalten.

Sebastian Haas: Bestätigen Sie Tobias Müller per E-Mail, dass Sie sich den Termin vorgemerkt haben.

Vierter Schritt: Vorstellungsgespräch in der Kfz-Werkstatt

Rollen: Damianos Papadopoulos, Tobias Müller, Sebastian Haas

Situation

Damianos erscheint zum Vorstellungsgespräch. Tobias Müller möchte mehr über Damianos' Interesse am Beruf wissen und erkundigt sich auch nach seinem Praktikum und den Leistungen in der Schule. Er stellt Sebastian Haas vor. Sebastian erzählt von seiner Ausbildung, seinen Schwierigkeiten als Auszubildender und fragt Damianos, wie er sich die Ausbildung vorstellt und wie er mit Problemen umgehen würde.

Aufgaben

1 **Tobias Müller**

Bitten Sie Damianos, sich kurz zu präsentieren. Stellen Sie im Anschluss Fragen nach seinem Interesse an der Ausbildung, nach dem Praktikum, das er gerade absolviert, und nach seiner Schulbildung.

2 **Sebastian Haas**

Berichten Sie von Ihrer eigenen Ausbildung in der Werkstatt. Nennen Sie Aspekte, die schwierig für Sie waren, und fragen Sie Damianos, wie er sich verhalten würde.

3 **Damianos Papadopoulos**

Präsentieren Sie sich kurz. Achten Sie dabei auf die Reihenfolge der Informationen. Beantworten Sie die Fragen der beiden Gesprächspartner höflich und sachlich.

Fünfter Schritt: Zusage des Ausbildungsplatzes

Rollen: Tobias Müller, Damianos Papadopoulos

Situation

Tobias Müller bietet Damianos einen Ausbildungsvertrag an.

Aufgaben

1 **Tobias Müller**
Schreiben Sie Damianos eine E-Mail, in der Sie ihm erklären, dass er den Ausbildungsplatz bekommen kann. Verweisen Sie auf den Ausbildungsvertrag im Anhang. Erklären Sie auch, warum Sie sich für ihn entschieden haben.

2 **Damianos Papadopoulos**
Antworten Sie auf die E-Mail. Bedanken Sie sich bei Tobias Müller und sagen Sie zu.

Vorschläge zur Änderung

Situation

Damianos hat seine Ausbildung erfolgreich abgeschlossen, kann aber von der Werkstatt leider nicht übernommen werden. Er sucht nun eine Stelle als Fahrzeugmechatroniker.

Aufgaben

- Damianos nimmt Kontakt zu Sandra Klein auf, um seine Möglichkeiten zu besprechen.
- Damianos recherchiert Stellenangebote und bewirbt sich als Fahrzeugmechatroniker. Seinen Lebenslauf und sein Bewerbungsschreiben muss er dafür ändern.

Anwendung auf andere Berufsfelder

Im Lager

Zentrale Rollen: Daniel Moretti, Peter Schulz

Vor der Weihnachtssaison stellt Daniel Moretti fest, dass seine Spedition am Rande ihrer Kapazitäten ist. Ein Hauptkunde hat seine Produktion gesteigert und Daniel Morettis Spedition ist das wichtigste Verteilerzentrum für dessen Waren. In der Weihnachtssaison wird eine weitere Steigerung erwartet, die mit dem aktuellen Personal nicht bewältigt werden kann. Daniel Moretti beauftragt den Lagerleiter Peter Schulz damit, mindestens zehn neue Lagermitarbeiter einzustellen. Peter Schulz kontaktiert die Agentur für Arbeit, gibt Stellenanzeigen auf und schlägt Daniel Moretti einige Bewerber vor, die körperlich belastbar sind und Staplerführerscheine besitzen.

In der Restaurantküche

Zentrale Rollen: Karoline Bauer, Pablo Soares

Karoline Bauer ist Inhaberin eines beliebten Szene-Restaurants, das Spezialitäten aus Südamerika anbietet. Pablo Soares hat lange als Koch in Kolumbien gearbeitet und bewirbt sich bei Karoline. Sie kann sich vorstellen, dass Pablo ein geeigneter Kandidat für ihr Restaurant sein könnte, macht sich aber Sorgen, ob er den Qualitätsanspruch des Restaurants erfüllen kann. Sie teilt ihm ihre Bedenken schriftlich mit. Pablo schreibt zurück und betont seine Qualifikation, seine Erfahrungen und weitere positive Eigenschaften. Karoline lädt ihn zum Vorstellungsgespräch mit Probekochen ein. Die Mitarbeiter des Restaurants testen das Essen.

Das Szenario

Der Dahlmeier Reinigungsservice ist eine kleinere Firma, die bisher hauptsächlich Reinigungspersonal für Privatkunden über eine Webseite bereitgestellt hat. Niko Dahlmeier, der Inhaber des Unternehmens, hat in professionelle Reinigungsmaschinen und Fahrzeuge investiert, um sein Geschäft auszubauen. Er ist sehr daran interessiert, seinem Personal gute Bedingungen zu bieten, weil er weiß, wie wertvoll vertrauenswürdige und zuverlässige Mitarbeiter sind.

Katharina Graf und Dambisa Tione arbeiten schon länger für Niko Dahlmeier und bisher hat die Zusammenarbeit sehr gut funktioniert. Doch jetzt gibt es deutlich mehr Arbeit durch neue Geschäftskunden und es fallen häufiger Mitarbeiter aus.

Berufsgruppe: Mitarbeiter einer Reinigungsfirma

Rollen

Niko Dahlmeier

Inhaber von Dahlmeier Reinigungsservice; er hat das Geschäft kürzlich ausgebaut, um neben Privatkunden auch Geschäftskunden zu gewinnen.

Katharina Graf

Koordinatorin; sie stellt die Teams zusammen, hält Kontakt zu Kunden und Interessenten und erläutert bei Bedarf das Angebot der Firma.

Gabriella Lopez

Angestellte; sie arbeitet als Reinigungskraft bei Dahlmeier.

Thomas Friedrich

Angestellter; er arbeitet im Team von Gabriella Lopez.

Dambisa Tione

Teamleiterin; sie beaufsichtigt die Arbeit der Kollegen und organisiert deren Einsätze.

Lena Krueger

Kundin; sie betreibt mit Kollegen eine große Anwaltskanzlei und möchte, dass die Büroräume täglich gereinigt werden.

Was ist zu tun?

Erster Schritt: Informationsaustausch zu verschiedenen Einsätzen

Rollen: Niko Dahlmeier, Katharina Graf, Dambisa Tione

Situation

Niko Dahlmeier, der Inhaber der Reinigungsfirma, hat neue Verträge mit Geschäftskunden abgeschlossen. Dazu gehört auch eine Fabrik, die stellenweise mit Hochdruckreinigern gesäubert werden muss. Zur schnelleren Kommunikation hat er zwei Chats eingerichtet, einen mit Katharina und Dambisa und einen weiteren für die beiden Leiterinnen und die Mitarbeiter. Er teilt den beiden mit, dass es mehr Arbeit für die Kollegen gibt und dass einige Mitarbeiter ein Kurztraining durchlaufen sollten, weil sie bisher nur Privathaushalte gereinigt haben.

Aufgaben

1 **Niko Dahlmeier**

Erklären Sie kurz die neuen Arbeitsplätze und deren Besonderheiten. Es handelt sich um die Fabrik, ein Restaurant und eine Arztpraxis.

2 **Katharina Graf**

Fragen Sie nach Einzelheiten wie Terminen für die Reinigung, vorgesehene Stunden und Umfang der Arbeiten.

3 **Niko Dahlmeier**

Schreiben Sie, dass die Fabrik nur samstags gereinigt werden kann und dass mindestens vier Mitarbeiter dafür gebraucht werden. Das Restaurant hat am frühen Morgen geschlossen, muss aber jeden Tag, also auch am Wochenende, geputzt werden. Die Arztpraxis ist am frühen Abend geschlossen und muss ebenfalls täglich geputzt werden. Hier gelten besondere Hygienevorschriften.

4 **Dambisa Tione**

Schreiben Sie, dass einige Mitarbeiter bestimmt mehr arbeiten würden. Geben Sie aber zu bedenken, dass die Zeiten nicht so angenehm sind.

5 **Niko Dahlmeier**

Schreiben Sie, dass Sie für Einsätze bei Geschäftskunden einen höheren Stundenlohn zahlen und dass Katharina alle interessierten Mitarbeiter für Mittwochabend zu einer kleinen Schulung bitten soll.

6 **Katharina Graf**

Bestätigen Sie den Termin.

Zweiter Schritt:	Einsatzplan und mögliche Kandidaten
Rollen:	Dambisa Tione, Gabriella Lopez, Thomas Friedrich

Situation

Dambisa schreibt die neuen Einsatztermine und den erhöhten Stundenlohn in den Mitarbeiter-Chat. Gabriella und Thomas bekunden Interesse.

Aufgaben

1 **Dambisa Tione**

Informieren Sie die Mitarbeiter über die neuen Einsatzmöglichkeiten und den höheren Stundenlohn.

2 **Gabriella Lopez**

Fragen Sie, ob Sie den Einsatz im Restaurant bekommen können.

3 **Thomas Friedrich**

Stimmen Sie dem Einsatz in der Arztpraxis und in der Fabrik zu und schreiben Sie, dass Sie zur Schulung kommen werden.

Dritter Schritt:	Eine Krankheitsvertretung organisieren
Rollen:	Thomas Friedrich, Dambisa Tione, Gabriella Lopez, Katharina Graf

Situation

Thomas Friedrich muss sich kurzfristig krankmelden. Dambisa muss jemanden finden, der einmal in der Fabrik einspringt und der außerdem die Einsätze in der Arztpraxis eine Woche lang übernimmt. Gabriella Lopez kann Thomas vertreten, am Samstag möchte sie aber später beginnen. Katharina informiert das Team in der Fabrik.

Aufgaben

1 **Thomas Friedrich**
Schreiben Sie, dass Sie krank sind und leider eine Woche ausfallen werden.

2 **Dambisa Tione**
Wünschen Sie Thomas gute Besserung und bitten Sie die anderen Mitarbeiter, ihn zu vertreten. Erklären Sie, wann und wo er arbeitet.

3 **Gabriella Lopez**
Schreiben Sie, dass Sie in der Arztpraxis einspringen können, aber am Samstag in der Fabrik erst später anfangen können. Begründen Sie das.

4 **Katharina Graf**
Bedanken Sie sich bei Gabriella und schreiben Sie, dass es in Ordnung ist, wenn sie am Samstag später anfängt.

Vierter Schritt:	Anweisungen einer neuen Kundin
Rollen:	Lena Krueger, Niko Dahlmeier, Katharina Graf

Situation

Lena Krueger wendet sich an Niko Dahlmeier und beauftragt seine Firma, an fünf Tagen in der Woche ihre Anwaltskanzlei zu reinigen.

Aufgaben

1 **Lena Krueger**
Beschreiben Sie Niko Dahlmeier in einer E-Mail die Räume der Kanzlei. Erklären Sie, was dort geputzt werden muss, wie oft einzelne Arbeiten, wie z. B. Fensterputzen, erledigt werden sollen und zu welcher Tageszeit dies geschehen soll.

2 **Niko Dahlmeier**
Schreiben Sie Katharina und Dambisa, dass sie den neuen Auftrag gemeinsam organisieren sollen.

3 **Katharina Graf**
Antworten Sie, dass Sie sich darum kümmern, und bitten Sie Dambisa, eine zuverlässige Person auszuwählen.

4 **Dambisa Tione**

Teilen Sie mit, dass Gabriella Lopez nach einem Job für ihre Schwester gefragt hat und dass die beiden für den Auftrag vielleicht zusammen infrage kommen.

5 **Niko Dahlmeier**

Schreiben Sie, dass Sie einverstanden sind, und bitten Sie Katharina, einen Probevertrag für die Schwester vorzubereiten und sie zum Gespräch einzuladen.

Vorschläge zur Änderung

Situation

Gabriella Lopez kann Thomas Friedrich nicht vertreten, bietet aber an, dass ihre Schwester für ihn einspringt. Die Schwester möchte auch gern bei Dahlmeier arbeiten. Niko ist einverstanden und bittet Dambisa Tione und Katharina Graf, die Schwester über die Einsätze zu informieren und den Teams Bescheid zu geben.

Aufgaben

- Gabriella Lopez schreibt, dass sie Thomas Friedrich nicht vertreten kann, und entschuldigt sich.
- Dambisa schreibt Katharina Graf, dass sie sofort einen neuen Mitarbeiter brauchen.
- Gabriella Lopez schreibt, dass ihre Schwester eine Arbeit sucht.
- Katharina nimmt Kontakt zu der Schwester auf.
- Dambisa organisiert mit ihr die Termine.

Anwendung auf andere Berufsfelder

Beim Pflegedienst

Zentrale Rollen: Sheila Malik, Sonja Waltz

Sheila Malik ist examinierte Krankenschwester und arbeitet bei einem ambulanten Pflegedienst. Sie besucht Patienten zu Hause, versorgt sie medizinisch und hilft ihnen bei ihrem Alltagsleben. Sie nutzt den Chat mit der Koordinatorin Sonja Waltz und den Kollegen, um Einsätze zu tauschen, bei schwierigen Aufgaben um Unterstützung zu bitten, Informationen an Kollegen weiterzugeben etc.

Beim Personalservice Gastronomie

Zentrale Rollen: Christina Brühl, Sina Kirlik, Robin Lehmann, Walid Sam

Christina Brühl ist Chefin eines Personalservices im Bereich Gastronomie. Für eine Reihe von Shows in der lokalen Veranstaltungshalle benötigt sie zahlreiche Mitarbeiter für die Bar, die Snackstände sowie für das Büfett und den Service im VIP-Bereich. Sie schreibt die Informationen in ihren Firmenchat. Potenzielle Mitarbeiter melden sich, nennen ihre Erfahrungen, äußern ihre Arbeitswünsche etc. Christina verteilt die Einsätze und begründet ihre Wahl.

Das Szenario

Malaika Hadrawi macht seit einem Jahr eine Ausbildung zur Hotelfachfrau im Hotel Altona. Zurzeit ist sie dort als Servicekraft im Restaurant eingeteilt. Normalerweise arbeitet sie tagsüber und unter der Woche, damit sie abends und am Wochenende Zeit für ihren Sohn hat. An einem Tag pro Woche geht sie zur Berufsschule.

Ihre Schwester, die in Berlin lebt, hatte einen Fahrradunfall. Es ist nichts Schlimmes passiert, aber Malaika möchte am Wochenende nach Berlin reisen, wenn ihre Schwester aus dem Krankenhaus entlassen wird. Sie hat vor, eine Woche zu bleiben und zu helfen, damit sich die Schwester erholen kann. Bis zum Wochenende muss sie eine Vertretung für ihre Tagschichten finden. Die aktuelle Sommersaison ist ohnehin arbeitsintensiv, doch in der nächsten Woche findet in der Stadt außerdem noch eine Messe statt. Das Hotel ist gut gebucht und das Mittagsangebot des Restaurants sehr beliebt.

Berufsgruppe: Hotelpersonal und Mitarbeiter einer Zeitarbeitsagentur

Rollen

Malaika Hadrawi

Auszubildende zur Hotelfachfrau; sie braucht jemanden, der sie für eine Woche im Restaurant vertreten kann.

Mike Turner

Austauschstudent mit einem Ferienjob im Hotel; er hilft dem Servicepersonal und übersetzt, wenn die Gäste Englisch oder Französisch sprechen. Mit Deutsch hat er noch Schwierigkeiten.

Fritz Hochberger

Kellner im Restaurant; er ist unzufrieden mit seinen Arbeitszeiten und seinem Verdienst und möchte nicht mehr arbeiten als nötig.

Frieda Merkle

Schichtleiterin im Restaurant

Otto Baumeister

Sachbearbeiter für den Bereich Gastronomie in einer Agentur für Zeitarbeit

Tina Sellmann

Hotelfachfrau; sie arbeitet meistens abends im Hotelrestaurant oder für andere Gastronomiebetriebe und studiert tagsüber Betriebswirtschaft für die Tourismusbranche.

Gertrud Schneider

Personalleiterin des Hotels

Was ist zu tun?

Erster Schritt: Versuch, das Problem selbstständig mit den Kollegen zu lösen

Rollen: Malaika Hadrawi, Fritz Hochberger, Tina Sellmann, Mike Turner

Situation

Malaika Hadrawi schreibt eine Nachricht in die WhatsApp-Gruppe der Restaurantmitarbeiter. Sie erklärt kurz ihr Anliegen und bittet ihre Kollegen einzuspringen. Fritz Hochberger arbeitet schon seit fünf Jahren in dem Restaurant, meistens am Abend. Er könnte zusätzlich in der Tagschicht einspringen, möchte aber nicht doppelt arbeiten. Tina Sellmann hat in der kommenden Woche frei. Sie wird aber in dieser Zeit bei einem Catering-Service arbeiten und kann das nicht mehr absagen. Mike Turner hat Zeit und möchte helfen, aber er weiß, dass sein Deutsch noch nicht gut genug ist und dass Frieda Merkle ihn im Restaurant ungern allein arbeiten lässt.

Aufgaben

1 **Malaika Hadrawi**

Schreiben Sie eine Gruppen-SMS, in der Sie Ihr Problem schildern und die Kollegen um Hilfe bitten. Machen Sie Vorschläge (die Kollegen können einzelne Tage übernehmen, morgens und abends arbeiten etc.) Erklären Sie, wie wichtig es für Sie ist, in dieser Woche frei zu haben, und versprechen Sie, dass Sie in Zukunft gern die Schichten der Kollegen übernehmen.

2 **Fritz Hochberger**

Schreiben Sie eine SMS, dass Sie nicht für Malaika arbeiten können. Denken Sie sich eine Erklärung aus.

3 **Tina Sellmann**

Erklären Sie, warum Sie in der Woche nicht arbeiten können, und schlagen Sie Malaika vor, sich direkt an Frieda Merkle zu wenden.

4 **Mike Turner**

Antworten Sie auf Malaikas Bitte und bieten Sie an, an zwei Tagen für sie zu arbeiten, wenn Frieda Merkle einverstanden ist.

5 **Malaika Hadrawi**

Antworten Sie auf die SMS Ihrer Kollegen, bedanken Sie sich und versuchen Sie noch einmal, Fritz und Tina zu überreden.

6 **Tina Sellmann, Fritz Hochberger**

Schreiben Sie Malaika, dass Sie im Moment wirklich nicht helfen können.

Zweiter Schritt:	Die Schichtleiterin in einem Gespräch einbeziehen
Rollen:	Malaika Hadrawi, Frieda Merkle, Fritz Hochberger, Tina Sellmann, Mike Turner

Situation

Da ihr die Kollegen nicht helfen können oder wollen, muss Malaika Hadrawi mit der Schichtleiterin sprechen und ihr das Problem schildern. Frieda Merkle wünscht sich eine pragmatische Lösung und weiß, dass die Zeit knapp ist. Sie spricht die Kollegen an.

Aufgaben

1 **Malaika Hadrawi, Frieda Merkle**

Malaika Hadrawi: Erklären Sie Frieda Merkle, wie wichtig die Reise für Sie ist und dass dies eine Ausnahmesituation ist.

Frieda Merkle: Fragen Sie, ob sich nicht jemand anderes um die Schwester kümmern kann. Erklären Sie, dass Sie viele Reservierungen für die kommende Woche haben und es viel zu tun gibt.

2 **Frieda Merkle, Fritz Hochberger, Tina Sellmann, Mike Turner**

Frieda Merkle: Sprechen Sie mit den Kollegen. Üben Sie Druck auf Fritz Hochberger und Tina Sellmann aus (beide könnten zwei Schichten arbeiten). Sie wollen die beiden aber auch nicht verärgern, weil alle im Moment viel zu tun haben. Bei Mike Turner sind Sie nicht sicher, ob er allein vertreten kann.

Fritz Hochberger und Tina Sellmann: Machen Sie klar, dass Sie maximal einen Tag übernehmen können.

Mike Turner: Bieten Sie an zu helfen. Sie können sich vorstellen, Malaikas Aufgaben allein zu übernehmen.

Dritter Schritt: E-Mail-Verkehr mit der Personalleiterin
Rollen: Gertrud Schneider, Malaika Hadrawi, Frieda Merkle

Situation

Da das Problem im Team nicht gelöst werden kann, kontaktiert Frieda Merkle die Personalleiterin und tauscht sich mit ihr per E-Mail aus.

Aufgaben

1 **Frieda Merkle**

Schreiben Sie Gertrud Schneider eine E-Mail, in der Sie die Situation erklären und sie um Rat bitten.

2 **Gertrud Schneider**

Fordern Sie Frieda Merkle auf, eine Agentur für Zeitarbeit zu kontaktieren. Machen Sie klar, dass Sie damit in der Vergangenheit schon Ärger hatten, und bitten Sie darum, deshalb mögliche Kandidaten zuerst zu einem Gespräch einzuladen.

3 **Frieda Merkle**

Antworten Sie Gertrud Schneider, dass Sie sich melden werden, sobald Sie jemanden gefunden haben.

4 **Gertrud Schneider**

Schreiben Sie Malaika Hadrawi, dass sie freinehmen kann, wenn Frieda Merkle einen Ersatz über die Agentur findet. Malaika Hadrawi soll Ihnen einen Urlaubsantrag schicken.

5 **Malaika Hadrawi**

Schreiben Sie eine kurze E-Mail an Gertrud Schneider, in der Sie sich bedanken und offiziell Urlaub beantragen.

Vierter Schritt: Kontakt zur Agentur für Zeitarbeit
Rollen: Otto Baumeister, Frieda Merkle

Situation

Frieda Merkle wendet sich an eine Zeitarbeitsagentur, mit der das Hotel schon öfter zusammengearbeitet hat. Otto Baumeister, der dortige Sachbearbeiter, weiß, dass das Hotel ein guter Kunde ist und dass es in der Vergangenheit Ärger mit einigen Einsätzen gegeben hat, weil seine Mitarbeiter unpünktlich und nicht freundlich genug waren.

Aufgaben

1 **Frieda Merkle**

Schreiben Sie Otto Baumeister eine formelle Anfrage per E-Mail, in der Sie Ihr Anliegen und Ihre Bedingungen schildern und um eine schnelle Antwort bitten. Bitten Sie um ein ausführliches Angebot und erklären Sie, dass Sie sich keine Probleme erlauben können.

2 **Otto Baumeister**

Schicken Sie Frieda Merkle ein ausführliches Angebot. Schreiben Sie ihr, dass Sie sich um zuverlässiges Personal kümmern werden.

3 **Frieda Merkle**

Schreiben Sie Otto Baumeister, dass Sie nach einem Gespräch einen der vorgeschlagenen Mitarbeiter ausgewählt haben. Bedanken Sie sich für den Service und bitten Sie ihn, einen Vertrag zu schicken.

Vorschläge zur Änderung

Situation

Fritz Hochberger erklärt, an einem Tag für Malaika Hadrawi einzuspringen, und Tina Sellmann an einem weiteren. Die übrigen zwei Schichten wird Mike Turner übernehmen, was aus Gertrud Schneiders Sicht allerdings nicht ideal ist.

Aufgaben

- Frieda Merkle teilt Gertrud Schneider die Planänderung mit und bittet um ihre Zustimmung.
- Gertrud Schneider schreibt Frieda Merkle ihre Bedenken und bittet sie, Mike Turner gut in die Aufgaben einzuweisen, damit die Vertretung funktioniert.
- Frieda Merkle erklärt Mike Turner die Arbeit und erstellt für ihn eine schriftliche Checkliste.
- Malaika Hadrawi schreibt zusätzlich noch eine Abmeldung an ihre Berufsschule.
- Malaika Hadrawi schreibt Gertrud Schneider und entschuldigt sich für die Unannehmlichkeiten.

Anwendung auf andere Berufsfelder

Im Büro

Zentrale Rollen: Alex Braun, Anne Bender

Alex Braun muss an seinen dreiwöchigen Urlaub bei der Familie seiner Frau in Slowenien noch eine weitere Woche dranhängen, weil sein Schwager sich dort gerade selbstständig macht und seine Hilfe braucht. Dies muss Alex Braun seiner Chefin Anne Bender erklären und für die weitere Woche jemanden finden, der seine Aufgaben übernimmt.

Im Krankenhaus

Zentrale Rollen: Elsa Berghoff, Mathilde Krämer

Elsa Berghoff arbeitet als Krankenschwester in der örtlichen Klinik im Schichtbetrieb nachmittags, abends und nachts. Doch seit sie geschieden ist, kann sie sich durch diese Arbeitszeiten nicht genug um ihre neunjährige Tochter kümmern. Deshalb muss sie jemanden finden, der die Schichten mit ihr tauscht. Mathilde Krämer ist die Stationsleiterin.

Das Szenario

Lamedo ist ein Einzelhandelsunternehmen, das sich auf den Verkauf von erschwinglicher Alltagsmode für Männer und Frauen spezialisiert hat. Am Ende des Jahres veranstaltet das Geschäft traditionell ein Betriebsfest, um die erfolgreiche Arbeit zu feiern und gleichzeitig neue Kollektionen für das kommende Jahr vorzustellen. Dazu werden Mitarbeiter, Vorgesetzte und treue Kunden eingeladen. Das Fest bietet den Vorgesetzten auch die Gelegenheit herauszufinden, wie die Produkte bei den Kunden ankommen. Marcel Frenz, der Verkaufsleiter, und Margaret Koch, die Filialleiterin, organisieren die Veranstaltung. Dazu brauchen sie zahlreiche Verkaufs- und Büromitarbeiter, die einzelne Aufgaben übernehmen. Da das Betriebsfest in der örtlichen Filiale von Lamedo stattfindet, muss auch die Einrichtung umgebaut werden.

Berufsgruppe: Mitarbeiter im Einzelhandel und Dienstleister für Veranstaltungen

Rollen

Marcel Frenz

Verkaufsleiter bei Lamedo; er ist verantwortlich für das Betriebsfest und überwacht die Aufgabenverteilung.

Margaret Koch

Filialleiterin; sie arbeitet in der Lamedo-Filiale, in der das Betriebsfest stattfinden soll.

Marie Strasser

Büroassistentin; sie arbeitet im Büro der Firma und kümmert sich um Lieferungen und andere Dienstleistungen.

Melanie Dukurs

Einzelhandelskauffrau; sie arbeitet direkt mit den Kunden in der Filiale.

Florian Horn

Einzelhandelskaufmann; er arbeitet schon seit einigen Jahren für Lamedo und hat kürzlich in diese Filiale gewechselt.

Jennifer Krakowski

Inhaberin des Catering-Unternehmens Gourmet-Kosmos

Luis Vegas

DJ; er macht Musik auf Veranstaltungen.

Was ist zu tun?

Erster Schritt: Rundmail an die Mitarbeiter zur Organisation der Veranstaltung

Rollen: Margaret Koch, Florian Horn, Melanie Dukurs, Marie Strasser

Situation

Margaret Koch erklärt den Mitarbeitern die Details der geplanten Veranstaltung. Sie nennt die einzelnen Aufgaben und bittet alle Mitarbeiter, sich an den Vorbereitungen zu beteiligen.

Aufgaben

1 **Margaret Koch**
Schreiben Sie eine Rundmail an alle Mitarbeiter, in der Sie erklären, was vor dem Fest organisiert werden muss. Fragen Sie die Mitarbeiter, welche Aufgaben sie übernehmen können/möchten.

2 **Florian Horn**
Bieten Sie an, Tische und Stühle zu mieten und die Verkaufsräume entsprechend vorzubereiten.

3 **Melanie Dukurs**
Bieten Sie an, eine Gästeliste zu schreiben. Fragen Sie, wie viele und welche Kunden eingeladen werden sollen, und schlagen Sie eine kleine Modenschau (wie im letzten Jahr) vor.

4 **Marie Strasser**
Bieten Sie an, ein paar Catering-Firmen zu kontaktieren und Angebote einzuholen. Schlagen Sie einen DJ für die Musik vor.

5 **Margaret Koch**
Antworten Sie Ihren Mitarbeitern, übertragen Sie die Verantwortung für die Aufgaben und bedanken Sie sich für das Engagement.

Zweiter Schritt: Verhandlung mit der Catering-Firma
Rollen: Marie Strasser, Jennifer Krakowski

Situation

Marie Strasser schreibt eine E-Mail an mehrere Firmen mit der Bitte um Angebote. Am Ende wählt sie das Unternehmen von Jennifer Krakowski aus und verhandelt mit ihr.

Aufgaben

1 **Marie Strasser**
Verfassen Sie eine E-Mail, in der Sie die Veranstaltung beschreiben. Wie viele Personen werden ungefähr erwartet? Welches Essen und welche Getränke hätten Sie gern? Bitten Sie um ein Angebot und nennen Sie ein Budget.

2 **Jennifer Krakowski**
Schicken Sie Marie Strasser ein Angebot mit verschiedenen Alternativen.

3 **Marie Strasser**
Wählen Sie die Speisen und Getränke für das Fest aus. Bitten Sie Jennifer Krakowski um eine Bestätigung.

4 **Jennifer Krakowski**
Schicken Sie Marie Strasser eine Bestätigung. Nennen Sie den Liefertermin, was genau geliefert wird, welche Aufgaben Ihre Firma übernimmt und wie viel es kostet.

5 **Marie Strasser**
Erteilen Sie Jennifer Krakowski den Auftrag schriftlich.

Dritter Schritt:	Vorbereitung der Einrichtung, Auswahl der Musik und Versand der Einladungen
Rollen:	Florian Horn, Marie Strasser, Luis Vegas, Melanie Dukurs

Situation

Bevor die Einladungen verschickt werden, wählen die Mitarbeiter die Musik aus und überlegen, wie die Verkaufsräume für das Fest umgestaltet werden können. Dazu müssen sie auch Tische und Stühle ausleihen.

Aufgaben

1 **Florian Horn**

Schreiben Sie an eine Firma, die Tische und Stühle verleiht, und erklären Sie, was Sie für Ihre Feier brauchen. Denken Sie an die Anzahl der Gäste und fragen Sie Marie Strasser, welches Essen sie bestellt hat.

2 **Marie Strasser**

Erklären Sie Florian Horn Ihre Speisenauswahl. Schreiben Sie dann an Luis Vegas, einen DJ, den Ihnen ein Freund empfohlen hat und dessen Musik gut zu Ihrer Feier passt. Fragen Sie nach seiner Verfügbarkeit und nach dem Preis für einen Auftritt von vier Stunden.

3 **Luis Vegas**

Antworten Sie auf Marie Strassers E-Mail und nennen Sie einen Preis. Schreiben Sie, dass Sie die gesamte Anlage mitbringen und Marie Strasser sich um nichts zu kümmern braucht.

4 **Marie Strasser**

Beauftragen Sie Luis Vegas. Geben Sie ihm auch Informationen über Uhrzeiten, Anfahrt und Parkmöglichkeiten.

5 **Melanie Dukurs**

Schreiben Sie eine freundliche Einladung an alle Gäste, in der Sie die Details wie Beginn, Ort etc. nennen. Erwähnen Sie die kleine Modenschau und drücken Sie Freude aus. Bitten Sie um eine baldige Antwort.

Vierter Schritt:	Checkliste und Bestätigungen
Rollen:	Marcel Frenz, Marie Strasser, Melanie Dukurs, Florian Horn

Situation

Marcel Frenz möchte sicher sein, dass alles organisiert ist und es keine unangenehmen Überraschungen geben wird. Er schreibt eine Checkliste und fragt die Mitarbeiter, ob nichts vergessen wurde.

Aufgaben

1 **Marcel Frenz**

Schicken Sie die Checkliste per E-Mail an alle Mitarbeiter und bitten Sie um Bestätigung, dass alles erledigt ist. Schreiben Sie, dass Sie sich auf das Fest freuen, und danken Sie allen für ihre Arbeit.

2 **Marie Strasser**

Bestätigen Sie, dass mit dem Catering-Service alles vereinbart ist. Sagen Sie, wann Essen und Getränke gebracht werden. Schreiben Sie auch, dass Sie sich um die Musik gekümmert haben.

3 **Melanie Dukurs**

Schreiben Sie eine E-Mail an Marcel Frenz, in der Sie erklären, wie viele Gäste zugesagt haben und wie der Ablauf des Festes gedacht ist.

4 **Florian Horn**

Schreiben Sie an Marcel Frenz, dass Sie genügend Tische und Stühle bestellt haben, und teilen Sie mit, wann Sie die Räume umbauen werden.

5 **Marcel Frenz**

Bedanken Sie sich bei allen und versprechen Sie eine Überraschung für die Mitarbeiter beim Fest.

Vorschläge zur Änderung

Situation

Der Catering-Service musste kurzfristig absagen und nun müssen alle eine Lösung für Essen und Getränke finden, damit das Fest nicht ausfällt bzw. verschoben werden muss.

Aufgabe

- Jennifer Krakowski sagt das Catering kurzfristig ab und begründet dies.
- Margaret Koch versucht, Ersatz zu finden, doch das funktioniert so kurzfristig nicht.
- Marie Strasser schlägt vor, ein paar Kleinigkeiten in einem Restaurant zu bestellen, dessen Besitzer sie kennt.
- Melanie Dukurs schreibt eine zusätzliche Einkaufsliste und bestellt bei einem Lieferservice.
- Marcel Frenz und Florian Horn informieren sich bei Getränkehändlern und bestellen Getränke.

Anwendung auf andere Berufsfelder

Im Seniorenwohnheim

Zentrale Rollen: Denise Groß, Emilia Strong

Denise Groß arbeitet als Altenpflegerin im Seniorenwohnheim Am See. Sie und ihre Kollegen haben sich überlegt, ein Fest zu veranstalten, um den Bewohnern ein wenig Abwechslung zu bieten. Sie sprechen mit der Leiterin Emilia Strong, um die Erlaubnis zu bekommen, und organisieren dann das Fest. Dabei müssen sie an die Ernährung der Senioren und an ein Programm für den Abend denken. Außerdem sollen einige Angehörige eingeladen werden.

Beim Paketdienst

Zentrale Rollen: Simon Gunther, Robert Haddad

Simon Gunther und Robert Haddad arbeiten seit sechs Jahren als Fahrer zusammen bei der Firma Paketblitz. In einer Woche wird Robert Haddad 50 Jahre alt, daher möchte Simon Gunther eine kleine Überraschungsparty im Betrieb organisieren. Alle Mitarbeiter sollen in der Sortierhalle sein, wenn Robert Haddad mit seinem Wagen hereinkommt. Simon Gunther muss mit Vorgesetzten und Kollegen sprechen, Geld einsammeln und Aufgaben verteilen.

Das Szenario

Gerber Bau ist eine multinationale Baufirma, die in vielen Teilen der Welt Gebäude errichtet. Durch die Einführung neuer Richtlinien müssen sich alle regionalen Gruppen damit beschäftigen, wie Sicherheitsstandards auf den Baustellen umgesetzt werden können und wie die Arbeit effizienter und nachhaltiger organisiert werden kann. Daher laden der Projektleiter Anton Dudek und seine Teamkollegin Michaela Seidel ihre Kollegen zu einem Meeting ein. Hier möchte man zum einen die Projekte des vergangenen Jahres diskutieren und nach Verbesserungen suchen und zum anderen einen Weg finden, wie das Training für die neuen Richtlinien aussehen könnte. Außerdem sollen Personaleinsätze und Urlaubszeiten geplant werden.

Berufsgruppe: Mitarbeiter einer Baufirma

Rollen

Anton Dudek

Projektleiter bei Gerber Bau; er ist der Leiter der Niederlassung in Deutschland und verantwortlich für die Umsetzung der neuen Richtlinien.

Deniz Özbek

Teamleiter in einem Bauprojekt; er leitet ein Team von Bauarbeitern und hält Kontakt zur Projektleitung.

José Marquez

Bauarbeiter; er vertritt sein Arbeitsteam.

Michaela Seidel

Projektleiterin; sie kümmert sich um die Einsätze der Mitarbeiter und um die Optimierung der Arbeitsprozesse.

Klaus Lund

Bauarbeiter; er vertritt ein weiteres Team von Bauarbeitern.

Was ist zu tun?

Erster Schritt: Zusammenstellen der Informationen zur Vorbereitung des Meetings
Rollen: Anton Dudek, Michaela Seidel, Deniz Özbek, José Marquez

Situation

Anton Dudek und Michaela Seidel haben einen Termin für ein Orga-Meeting festgelegt, um die Mitarbeiter über die neuen Arbeitsprozesse und Sicherheitsstandards in der Firma zu informieren. Sie laden nur wenige Mitarbeiter ein, um zunächst über die Umsetzung der neuen Richtlinien zu diskutieren. Danach sollen Verbesserungen der Arbeitsabläufe und Einsatzpläne besprochen werden.

Aufgaben

1 **Anton Dudek**
Schreiben Sie eine E-Mail an die Mitarbeiter, in der Sie über die Eckdaten des Meetings (Zeit, Ort, Themen etc.) informieren.

2 **Michaela Seidel**
Schreiben Sie ebenfalls eine E-Mail an die Mitarbeiter, in der Sie darum bitten, das Meeting vorzubereiten. Überlegen Sie, zu welchen Themen sich die Mitarbeiter Gedanken machen sollen.

3 **Deniz Özbek**
Bereiten Sie eine kurze Übersicht der Arbeiten Ihres Teams im vergangenen Jahr vor. Machen Sie Notizen zu dem Bauprojekt und überlegen Sie, was beim nächsten Mal besser gemacht werden könnte.

4 **José Marquez**
Schreiben Sie einen kurzen Bericht über Sicherheitsprobleme, Unfälle etc. aus der Perspektive der Bauarbeiter.

5 **Anton Dudek**
Schreiben Sie eine E-Mail, in der Sie über künftige Bauprojekte informieren. Nennen Sie Orte, Termine und benötigtes Personal.

6 **Michaela Seidel**
Schreiben Sie eine E-Mail, in der Sie um die Urlaubspläne der Mitarbeiter für das neue Jahr bitten.

Zweiter Schritt: Ideen austauschen
Rollen: Anton Dudek, Michaela Seidel, Deniz Özbek, José Marquez, Klaus Lund

Situation

Nachdem die neuen Bauprojekte und Sicherheitsrichtlinien vorgestellt wurden, bitten Anton Dudek und Michaela Seidel alle Mitarbeiter, Vorschläge zur Verbesserung der Arbeitsabläufe und der Sicherheit auf Baustellen abzugeben. Es ist wichtig, dass die Personen, die auf den Baustellen arbeiten, ihre Ideen in den Prozess einbringen.

Aufgaben

1 **Anton Dudek und Michaela Seidel**
Bitten Sie die Mitarbeiter schriftlich, weitere Themen vorzuschlagen.

2 **Deniz Özbek**
Schlagen Sie schriftlich die Einrichtung von regelmäßigen Schulungen und Sicherheitstrainings vor.

3 **José Marquez**
Schreiben Sie einen Vorschlag für das Meeting. Sie sind der Meinung, dass neue Sicherheitsausrüstung gekauft werden muss. Beschreiben Sie die Gegenstände und erklären Sie, warum sie benötigt werden.

4 **Klaus Lund**
Schlagen Sie vor, eine Datenbank einzurichten, in der Tätigkeiten, Materialien und Verantwortliche dokumentiert werden können.

Dritter Schritt:	Planung der Arbeitseinsätze, Urlaubstage und Schulungstermine
Rollen:	Michaela Seidel, Deniz Özbek, José Marquez, Klaus Lund

Situation

Michaela Seidel stellt einen Plan zur Durchführung der Schulungen auf. Außerdem muss sie mit Deniz Özbek, José Marquez und Klaus Lund die Arbeitseinsätze und Urlaubstage der Mitarbeiter organisieren.

Aufgaben

1 **Michaela Seidel**
Erklären Sie den Mitarbeitern Ihren Plan mit den Schulungsterminen.

2 **José Marquez**
Nennen Sie Michaela Seidel Ihre Urlaubspläne.

3 **Klaus Lund**
Bieten Sie an, José Marquez während seines Urlaubs zu vertreten.

4 **Michaela Seidel**
Fragen Sie die Kollegen nach der Verfügbarkeit ihrer Mitarbeiter und stellen Sie einen Einsatzplan auf.

5 **Deniz Özbek**
Schreiben Sie alle Einsätze, Urlaubstage und Schulungstermine in einen großen Jahresplaner.

Vierter Schritt:	Zusammenfassung der Ergebnisse des Meetings
Rollen:	Anton Dudek, Michaela Seidel, Deniz Özbek, José Marquez, Klaus Lund

Situation

Nach dem Meeting werden die Ergebnisse und Zukunftsperspektiven für die einzelnen Mitarbeiter der Firma zusammengefasst.

Aufgaben

1 **Anton Dudek**
Schreiben Sie für die Teilnehmer des Meetings eine Übersicht über die Projekte im kommenden Jahr.

2 **José Marquez und Klaus Lund**
Schreiben Sie einen Plan mit Einsatztagen und Urlaubszeiten für Ihr Team. Benennen Sie den Einsatzort, die einzelnen Aufgaben und die Arbeitszeiten.

3 **Deniz Özbek**
Schreiben Sie eine Einladung an weitere Mitarbeiter zu den Sicherheitsschulungen. Nennen Sie den Ort, den Termin und die Inhalte der Schulungen.

4 **Michaela Seidel**
Schreiben Sie eine E-Mail an Anton Dudek und die Teilnehmer des Meetings, in der Sie sich für die Vorschläge bedanken. Fassen Sie die Vorschläge und die geplanten Maßnahmen zusammen.

Vorschläge zur Änderung

Situation

Neben den neuen Sicherheitsrichtlinien hat die deutsche Niederlassung auch einen Bericht der Zentrale erhalten. Das Ergebnis ist, dass die Projekte in Deutschland deutlich länger gedauert haben als vergleichbare Projekte im Ausland. Anton Dudek und Michaela Seidel veranstalten ein Meeting, um Verzögerungen und Hindernisse beim Bau zu diskutieren und die Kollegen um Verbesserungsvorschläge zu bitten.

Aufgaben

- Anton Dudek informiert die Kollegen über die Ergebnisse und bittet um Erklärungen.
- Michaela Seidel erläutert, dass sie einerseits die Sicherheit verbessern müssen, andererseits aber auch eine zuverlässige Durchführung von Bauprojekten erreichen müssen.
- Deniz Özbek schlägt vor, mehr Mitarbeiter einzustellen und die Gehälter zu erhöhen.
- José Marquez und Klaus Lund wünschen sich mehr Flexibilität beim Einsatz von Mitarbeitern, sodass einige in verschiedenen Projekten eingesetzt werden können.

Anwendung auf andere Berufsfelder

Im Büro

Zentrale Rollen: Olga De Graaf, Edmund Andrews

Olga De Graaf und Edmund Andrews sind Sachbearbeiter in der Buchhaltung einer großen Spedition. Normalerweise nehmen sie ihren Urlaub immer getrennt voneinander, doch in diesem Jahr hat ein Wasserschaden im Gebäude viele Unterlagen zerstört. Die Daten liegen zwar noch in elektronischer Form vor, müssen aber neu gedruckt und archiviert werden. Dadurch verschieben sich die Aufgaben der Mitarbeiter und die Planung der Urlaubszeiten. Das weitere Vorgehen muss in einem Meeting organisiert werden.

Im Hotel

Zentrale Rollen: Pascal Dubois, Barry Ziegler

Pascal Dubois leitet ein mittelgroßes Hotel in den bayerischen Alpen, das im Sommer zahlreiche Veranstaltungen für Touristen durchführt, z. B. Konzerte und Kochevents mit regionalen Spezialitäten. Die Veranstaltungen sind sehr beliebt. Pascal Dubois und seine Kollegen treffen sich mit Barry Ziegler und dessen Mitarbeitern einer großen Eventagentur, um die neue Saison zu planen.

In der Zahnarztpraxis

Zentrale Rollen: Ethel Franke, Heidi Sommer, David Pohl

Ethel Franke ist Leiterin einer Zahnarztpraxis. In diesem Jahr möchte sie ihren Mann zu einem Kongress in Lissabon begleiten und muss deshalb ihren Urlaub verschieben. Das bedeutet allerdings auch, dass die Praxis in dieser Zeit geschlossen bleibt und ihre Mitarbeiter ihren Urlaub ebenfalls in dieser Zeit nehmen müssen. Auch einige Patiententermine müssen neu vergeben werden. Ethel lädt ihre Mitarbeiterin Heidi Sommer und den Kollegen David Pohl zu einem kurzen Orga-Meeting ein.

Das Szenario

Bartosz Felski und Jarek Dudziak sind seit vielen Jahren befreundet und möchten zusammen ein kleines Umzugsunternehmen in Frankfurt gründen. Beide haben im letzten Jahr ein Gründerseminar bei der IHK besucht. Bartosz ist gelernter Installateur und Jarek gelernter Elektriker. Deshalb wollen sie auch Montagen von Küchen und Badinstallationen anbieten. Vor der Gründung müssen sie viele Dinge klären und erledigen.

Berufsgruppe: Gründer eines Umzugsunternehmens und Begleiter einer Firmengründung

Rollen

Bartosz Felski
Gründer

Sinem Yasni
Geschäftskundenberaterin bei der Bank

Jarek Dudziak
Gründer

Herrmann Wilms
Vermieter

Sandra Wollmann
Gründungscoach

Manfred Storz
Autoverkäufer

Was ist zu tun?

Erster Schritt: Erstes Treffen mit dem Gründungscoach
Rollen: Bartosz Felski, Jarek Dudziak, Sandra Wollmann

Situation

Bartosz und Jarek möchten sich von Sandra Wollmann ein paar Tipps für ihr Gründungsvorhaben holen. Daher nehmen sie Kontakt zu ihr auf und vereinbaren Termine.

Aufgaben

1 **Bartosz Felski**
Schreiben Sie Sandra Wollmann eine E-Mail. Nennen Sie Ihr Anliegen und bitten Sie um ein Angebot für ein Gründungscoaching.

2 **Sandra Wollmann**
Schicken Sie Bartosz Felski ein Angebot. Schlagen Sie fünf Termine vor und nennen Sie den Preis.

3 **Bartosz Felski**
Schicken Sie Jarek Dudziak eine SMS und informieren Sie ihn über das Angebot. Fragen Sie auch, ob ihm der erste Termin passt.

4 **Jarek Dudziak**
Bestätigen Sie den Termin per SMS.

5 **Bartosz Felski und Jarek Dudziak**
Setzen Sie sich zusammen und machen Sie sich Notizen für das erste Treffen mit Sandra Wollmann. Überlegen Sie, wie viel Geld Sie haben, was Sie für Ihre Firma brauchen, welche Leistungen Sie anbieten können, welche Kunden Sie ansprechen wollen etc.

6 **Sandra Wollmann**
Empfangen Sie die beiden Gründer in Ihrem Büro. Lassen Sie sich das Gründungsvorhaben erklären. Stellen Sie Fragen zur Geschäftsidee, zum Standort, zur Marktlage, zur Finanzierung etc. Geben Sie Tipps zum Sparen, z. B. gebrauchte Lieferwagen kaufen, kleines Büro mit Parkplätzen im Gewerbegebiet mieten etc. Bitten Sie die beiden Gründer, einen Businessplan zu schreiben.

Zweiter Schritt:	Kontakt zum Vermieter
Rollen:	Jarek Dudziak, Herrmann Wilms

Situation

Jarek Dudziak hat ein Angebot für eine passende Immobilie im Internet gefunden. Es handelt sich um eine große Freifläche mit einer kleinen Lagerhalle und einem Büro in einem Gewerbegebiet. Allein der Preis macht ihm etwas Sorgen.

Aufgaben

1 **Jarek Dudziak**
Schreiben Sie Herrmann Wilms eine E-Mail, in der Sie Ihr Interesse an der Gewerbefläche äußern. Stellen Sie sich kurz vor und erklären Sie Ihr Vorhaben. Bitten Sie um einen Besichtigungstermin.

2 **Herrmann Wilms**
Antworten Sie auf die E-Mail. Bieten Sie einen Termin an und machen Sie weitere Angaben zur Immobilie.

3 **Jarek Dudziak**
Bestätigen Sie den Termin und bedanken Sie sich.

4 **Herrmann Wilms**
Präsentieren Sie die Gewerbefläche. Sagen Sie, dass die Wasserleitung kaputt ist und das Büro renoviert werden muss.

5 **Jarek Dudziak**
Schlagen Sie vor, Renovierung und Reparaturen selbst vorzunehmen, und verhandeln Sie dafür einen günstigeren Mietpreis. Notieren Sie alle Kosten und Bedingungen für Ihren Businessplan.

Dritter Schritt:	Kontakt zum Autohändler
Rollen:	Bartosz Felski, Manfred Storz

Situation

Bartosz Felski hat im Internet einen Autohändler gefunden, der gebrauchte Transportfahrzeuge wie Lieferwagen und kleinere Lkw anbietet. Er interessiert sich für das Angebot.

Aufgaben

1 **Bartosz Felski**
Schreiben Sie dem Autohändler, dass Sie sich für seine Fahrzeuge interessieren, und fragen Sie nach den Geschäftszeiten.

2 **Manfred Storz**
Beantworten Sie die E-Mail. Nennen Sie Ihre Geschäftszeiten und schreiben Sie, dass Sie gerade ein paar neue Fahrzeuge bekommen haben.

3 **Bartosz Felski**
Besuchen Sie Manfred Storz und lassen Sie sich die Wagen zeigen. Notieren Sie die Daten zu Fahrzeugen, die Sie interessieren, für Ihren Businessplan.

4 **Manfred Storz**
Sie haben einen kleineren Lkw mit Ladebordwand und einem Jahr Garantie im Angebot. Als Preis hätten Sie gern 12 000 Euro für das Fahrzeug. Nennen Sie dem Interessenten die Vorteile des Fahrzeugs. Bieten Sie auch andere Fahrzeuge an.

5 **Bartosz Felski**
Verhandeln Sie über die Preise und versprechen Sie, sich bald wieder zu melden.

Vierter Schritt:	Zweites Treffen mit dem Gründungscoach
Rollen:	Bartosz Felski, Jarek Dudziak, Sandra Wollmann

Situation

Die beiden Gründer haben Informationen gesammelt und schreiben einzelne Teile ihres Businessplans. Dann treffen sie sich wieder mit der Beraterin.

Aufgaben

1 **Bartosz Felski**
Schreiben Sie ein kurzes Gründerprofil und einen kurzen Text über Ihre Dienstleistung.

2 **Jarek Dudziak**
Schreiben Sie einen kurzen Text über den Standort und einen weiteren über die Marktsituation.

3 **Sandra Wollmann**
Rechnen Sie mit den beiden aus, wie viel Geld sie für die Gründung brauchen. Diskutieren Sie Werbemaßnahmen und machen Sie Vorschläge dazu. Geben Sie weitere Tipps für den Businessplan.

Fünfter Schritt:	Termin mit der Bank
Rollen:	Bartosz Felski, Jarek Dudziak, Sinem Yasni

Situation

Die beiden Gründer vereinbaren einen Termin mit der Geschäftskundenberaterin der Bank, um über einen Kredit zu sprechen und Konditionen auszuhandeln. Dabei müssen sie auch ihren Businessplan vorstellen.

Aufgaben

1 **Bartosz Felski und Jarek Dudziak**

Schreiben Sie die weiteren Texte für Ihren Businessplan. Schicken Sie ihn dann als Anhang einer E-Mail an Sinem Yasni. Erwähnen Sie, dass Sie den Plan zur Vorbereitung auf ein Gespräch schicken.

2 **Sinem Yasni**

Antworten Sie auf die E-Mail. Schlagen Sie einen Termin vor und versprechen Sie, den Businessplan vorher zu lesen.

Vorschläge zur Änderung

Situation

Jarek muss kurzfristig zu seiner Familie nach Polen reisen und kann Bartosz daher nicht unterstützen. Bartosz muss die Termine in Deutschland allein wahrnehmen und Jarek per E-Mail oder SMS über die Ereignisse informieren.

Aufgabe

- Bartosz schreibt Jarek die Ergebnisse des Gesprächs mit Sandra Wollmann.
- Jarek bittet Bartosz, nach einer Immobilie zu suchen und einen Autohändler zu finden.
- Bartosz kümmert sich um die Immobilie und die Fahrzeuge und informiert seinen Kollegen.
- Jarek sucht online nach geeigneten Mitarbeitern für das Unternehmen und schreibt Stellenanzeigen.
- Bartosz trifft die Bewerber in Frankfurt.

Anwendung auf andere Berufsfelder

Im Einzelhandel

Zentrale Rollen: Carina Rodriguez, Hella Schüre

Die beiden Frauen möchten ein Geschäft für Weine aus der ganzen Welt eröffnen. Dazu brauchen sie ein kleines Ladenlokal und einen Kredit von der Bank. Sie wollen ihre Weine auch über einen Webshop anbieten, um nicht nur von den Kunden des Ladens abhängig zu sein. Dazu müssen sie auch einige Texte für die Webseite schreiben.

Im Installationsbetrieb

Zentrale Rollen: Walid und Britta Hamidi

Walid Hamidi hat die Meisterschule für Installateure abgeschlossen und möchte sich nun selbstständig machen. Seine Frau Britta unterstützt ihn dabei. Zusammen informieren sie sich bei der Arbeitsagentur, bei der Bank und bei einer Unternehmensberatung. Sie schreiben einen Businessplan und beantragen einen Kredit für ihr Unternehmen.

Das Szenario

Matthias Peters betreibt ein kleines Fitnessstudio in einem Stadtteil von München. Kürzlich hat er ein Unternehmen damit beauftragt, sein Studio zu renovieren, um es attraktiver für die Mitglieder zu machen. Laura Stein, die Kundenbetreuerin des Renovierungsunternehmens, hat ihm zugesagt, dass das Studio nur eine Woche lang geschlossen bleiben muss, um die Wände und Böden in den Trainings- und Umkleideräumen zu erneuern. Das Anbringen neuer Duscharmaturen sollte später außerhalb der Öffnungszeiten erfolgen. Außerdem soll hinter dem Empfangsbereich eine kleine Bar für Fitnessgetränke entstehen, wofür das Studio nicht geschlossen sein muss.

Am Tag der Wiedereröffnung ist eine Wand in einer helleren Farbe gestrichen als die übrigen Wände und der Boden ist an einigen Stellen uneben. Mitarbeiter der Renovierungsfirma wollen die Duscharmaturen anbringen, obwohl das Studio geöffnet ist. Der Bau der Bar macht so viel Lärm, dass sich einige Mitglieder beschweren. Matthias Peters muss am kommenden Tag zu einer Fortbildung ins Ausland.

Berufsgruppe: Mitarbeiter einer Renovierungsfirma, Inhaber und Mitarbeiterin eines Fitnessstudios

Rollen

Matthias Peters

Kunde der Renovierungsfirma; Besitzer eines kleinen Fitnessstudios

Vanessa Schwartz

Fitnesstrainerin in Matthias Peters' Studio

Laura Stein

Kundenbetreuerin des Renovierungsunternehmens; sie hat Matthias Peters ein Angebot erstellt und den Vertrag mit ihm geschlossen.

Simon Novac

Mitarbeiter der Renovierungsfirma; er hat den Einsatz bei Matthias Peters geplant und die Materialien besorgt.

Anna Roth

Mitarbeiterin der Renovierungsfirma; sie hat den neuen Boden verlegt.

Philipp Berger

Mitarbeiter des Renovierungsunternehmens; er baut die Bar für Fitnessgetränke.

Was ist zu tun?

Erster Schritt: Gespräch mit den Mitarbeitern der Renovierungsfirma vor Ort

Rollen: Matthias Peters, Philipp Berger, Anna Roth, Vanessa Schwartz, Simon Novac

Situation

Vanessa Schwartz sollte eigentlich am Vormittag einen Zumba-Kurs durchführen, es ist aber zu laut dafür, weil Philipp Berger die Teile für die Bar sägen muss. Matthias schaut sich die Arbeiten an und bemerkt die falsch gestrichene Wand sowie einige Unebenheiten im Boden. Simon Novac und Anna Roth wollen derweil die Duscharmaturen anbringen.

Aufgaben

1 **Vanessa Schwartz**

Bitten Sie Phillipp, für eine Stunde mit dem Sägen aufzuhören, damit der Zumba-Kurs stattfinden kann.

2 **Philipp Berger**

Erklären Sie Vanessa, dass Sie zuerst die Teile sägen müssen und sonst nicht weiterarbeiten können. Suchen Sie nach einer Lösung.

3 **Matthias Peters**

Teilen Sie Anna und Simon die Mängel mit, die Sie entdeckt haben.

4 **Anna Roth**

Erklären Sie Matthias, dass der Boden sich mit der Zeit von allein glättet.

5 **Simon Novac**

Schauen Sie bei Ihrem Material nach und erklären Sie Matthias, dass ein Farbeimer falsch war.

6 **Matthias Peters**

Äußern Sie höflich Zweifel an Annas Auskunft und diskutieren Sie das Problem. Klären Sie mit Simon, dass die Wand neu gestrichen werden muss, ohne dass Extrakosten berechnet werden. Bitten Sie Anna und Simon, später zurückzukommen. Es war vereinbart, dass sie sich um die Duschen kümmern, wenn das Studio geschlossen ist.

7 **Anna Roth**

Sagen Sie, dass das nicht möglich ist, weil das Studio erst um 21:00 Uhr schließt.

Zweiter Schritt:	Kontakt zur Kundenbetreuerin der Renovierungsfirma
Rollen:	Matthias Peters, Laura Stein

Situation

Da Matthias mit den bisherigen Leistungen des Renovierungsunternehmens unzufrieden ist, kontaktiert er Laura Stein.

Aufgaben

1 **Matthias Peters**

Schreiben Sie eine Beschwerdemail an Laura Stein. Erklären Sie die Situation, weisen Sie auf die Mängel und die nicht eingehaltenen Vereinbarungen hin. Verweisen Sie auf den Vertrag und äußern Sie Ihre Unzufriedenheit. Bitten Sie Laura, das Problem schnellstmöglich zu lösen.

2 **Laura Stein**

Antworten Sie auf Matthias' E-Mail. Entschuldigen Sie sich für die Unannehmlichkeiten und schlagen Sie eine Lösung für den Boden, die Wand sowie die Installation der Duschen und den Aufbau der Bar vor. Bitten Sie Matthias, das Studio für einen weiteren Tag zu schließen.

3 **Matthias Peters**

Antworten Sie auf Lauras E-Mail. Stellen Sie klar, dass Sie nicht bereit sind, weitere Kosten zu übernehmen, und schlagen Sie eine Reduzierung des Gesamtpreises vor, da Sie einen weiteren Tag lang schließen müssen.

4 **Laura Stein**
Bieten Sie Matthias einen kleinen Preisnachlass an. Entschuldigen Sie sich nochmals und versprechen Sie, dass dieses Mal alles pünktlich und korrekt erledigt wird.

Dritter Schritt:	Besprechung der Reklamationen des Kunden mit den Mitarbeitern
Rollen:	Laura Stein, Anna Roth, Simon Novac, Philipp Berger

Situation

Laura Stein muss ihren Mitarbeitern mitteilen, dass der Auftrag jetzt so schnell wie möglich und ohne weitere Pannen erledigt werden muss. Die Mitarbeiter müssen überlegen, wie sie das umsetzen.

Aufgaben

1 **Laura Stein**
Schreiben Sie eine E-Mail an alle drei Mitarbeiter. Verteilen Sie die Aufgaben und nennen Sie Termine. Bitten Sie alle drei, ihre Aufgaben zügig und ordentlich zu erledigen.

2 **Simon Kovac**
Erklären Sie sich bereit, heute noch die richtige Farbe zu besorgen und die Wand nach Geschäftsschluss neu zu streichen. Entschuldigen Sie sich für den Fehler.

3 **Anna Roth**
Erklären Sie, dass Sie ausnahmsweise heute Abend die Duschen montieren und sich an dem zusätzlichen Tag um den Boden kümmern werden, falls die Unebenheiten bis dahin nicht von allein verschwunden sind. Bitten Sie darum, dass Simon oder Philipp Ihnen dabei helfen, damit alles an einem Tag fertig wird.

4 **Philipp Berger**
Schreiben Sie, dass Sie keinen zusätzlichen Tag für den Bau der Bar brauchen, und bieten Sie an, Anna mit dem Boden zu helfen, sobald die Bar fertig ist.

5 **Laura Stein**
Schreiben Sie allen, dass Sie einverstanden sind, und bitten Sie nochmals um schnelle und gute Arbeit.

Vierter Schritt:	Lösung des Problems und Abnahme der Arbeiten
Rollen:	Matthias Peters, Vanessa Schwartz, Simon Novac, Philipp Berger, Anna Roth, Laura Stein

Situation

Matthias beauftragt Vanessa mit der Aufsicht der Arbeiten und reist zu seiner Fortbildung. Die Mitarbeiter der Renovierungsfirma erledigen ihre Aufgaben, Vanessa Schwartz schaut sich im Auftrag von Matthias Peters alles an und ist zufrieden. Sie informiert ihren Chef und dieser bedankt sich bei Philipp Berger, der die Übergabe durchführt.

Aufgaben

1 **Matthias Peters**

Schreiben Sie Vanessa eine E-Mail, in der Sie darüber informieren, an welchem Tag das Studio nochmals geschlossen wird, und bitten Sie sie, Aushänge für die Mitglieder zu machen. Sagen Sie ihr auch, dass sie die Arbeiten der Renovierungsfirma beaufsichtigen und Ihnen darüber berichten soll.

2 **Vanessa Schwartz**

Schreiben Sie einen Aushang für den geschlossenen Tag. Sprechen Sie mit den Mitarbeitern der Renovierungsfirma über den Ablauf der Arbeiten. Schreiben Sie Matthias eine E-Mail, in der Sie ihm mitteilen, dass nun alles in Ordnung ist. Verweisen Sie auf die Fotos, die Sie mitschicken.

3 **Matthias Peters**

Schreiben Sie eine E-Mail an die Renovierungsfirma. Bedanken Sie sich für das Entgegenkommen.

Vorschläge zur Änderung

Situation

Matthias Peters schaut zwei Tage vor der Wiedereröffnung des Studios nach den Arbeiten. Dabei stellt er gemeinsam mit den Mitarbeitern der Renovierungsfirma fest, dass die Renovierung nicht pünktlich abgeschlossen sein wird. Er schreibt an Laura Stein, um sich zu beschweren und nach einer Lösung zu suchen. Sie schlägt vor, weitere Mitarbeiter einzusetzen, um den Termin zu halten. Das kostet aber mehr Geld.

Aufgaben

- Matthias Peters verhandelt mit Laura Stein und beruft sich auf das Angebot.
- Laura Stein erklärt, dass es immer zu Verzögerungen kommen kann und dass das auch im Vertrag steht.
- Matthias Peters wendet sich an Heinrich Hummels, den Inhaber der Renovierungsfirma.

Anwendung auf andere Berufsfelder

In der Reinigungsfirma

Zentrale Rollen: Antonia Jensen, Berta Strauss

Berta Strauss, die Leiterin eines Gebäudereinigungsdienstes, erhält eine Beschwerde von einem Kunden über mangelhafte Leistungen eines Reinigungsteams. Daraufhin wird Antonia Jensen ins Büro von Berta Strauss gebeten, weil sie die Leiterin des besagten Reinigungsteams ist. Berta Strauss bittet Antonia, mit ihrem Team zu sprechen, damit diese Fehler nicht mehr vorkommen. Sie schreibt dem Kunden eine Entschuldigung und verspricht verbesserte Leistungen. Antonia muss die Beschwerde an ihr Team weitergeben.

In der Kfz-Werkstatt

Zentrale Rollen: Sebastian Haas, Tobias Müller

Sebastian Haas arbeitet seit vielen Jahren in der Reparaturwerkstatt für Kfz-Fahrzeuge. Seit sein Chef, der Inhaber Tobias Müller, einen Vertrag mit einem örtlichen Transportunternehmen geschlossen hat, häufen sich die Aufträge, weil das Transportunternehmen viele Fahrzeuge besitzt. Die Werkstatt erhält Beschwerden von Privat- und Firmenkunden, weil die Reparaturen nicht mehr rechtzeitig durchgeführt werden. Sebastian erklärt Tobias, dass sie mehr Mitarbeiter brauchen, und Tobias muss die Kunden beruhigen.

Das Szenario

Elena Savchenko ist Zahnärztin und betreibt zusammen mit dem Kieferchirurgen Etienne Mason eine Praxis für Zahnheilkunde und Kieferchirurgie, an die auch ein zahntechnisches Labor angeschlossen ist. Sie bieten dort verschiedene Behandlungen an, bei denen sie modernste Materialien und neueste technische Geräte einsetzen. Entsprechend sind sie für ihre exzellenten Zahnbehandlungen bekannt und haben einen großen Patientenstamm.

Laura Frenzel ist Zahnarzthelferin und arbeitet seit mehreren Jahren in der Praxis. Sie kümmert sich um die Patiententermine und die Materialbestellungen. Normalerweise arbeitet die Praxis mit Andreas Wolf, dem Vertriebsleiter eines Großhandelsunternehmens für Dentalprodukte, zusammen. Allerdings sind dort die Preise kürzlich gestiegen, deshalb sieht man sich auch nach anderen Lieferanten um. Erik Poser hat gerade seine Ausbildung zum Zahntechniker abgeschlossen und arbeitet im zahntechnischen Labor unter der Praxis.

Berufsgruppe: Mitarbeiter einer Zahnarztpraxis und eines zahntechnischen Labors, Großhändler für Dentalprodukte

Rollen

Elena Savchenko

Zahnärztin; sie betreibt mit Etienne Mason eine Praxis für Zahnheilkunde und Kieferchirurgie.

Etienne Mason

Kieferchirurg; er ist Elena Savchenkos Partner in der Praxis.

Laura Frenzel

Zahnarzthelferin; neben der Organisation der Praxis und der Patiententermine ist sie auch für die Bestellungen von Material und Geräten zuständig. Die Anweisungen dafür erhält sie direkt von Elena Savchenko und Etienne Mason.

Andreas Wolf

Vertriebsleiter eines Großhandels für Dentalprodukte; er kümmert sich u.a. um die Bestellungen der Zahnarztpraxen. In letzter Zeit gab es Schwierigkeiten wegen starker Preiserhöhungen bei einigen Materialien.

Zheng Li

Vertreter eines chinesischen Großhandels für Dentalprodukte; er kennt Etienne Mason aus dem Fitnessstudio und sieht eine Möglichkeit zur Zusammenarbeit.

Erik Poser

Zahntechniker im Labor unter der Praxis.

Was ist zu tun?

Erster Schritt: Besprechung in der Zahnarztpraxis über bevorstehende Aufgaben
Rollen: Elena Savchenko, Etienne Mason, Laura Frenzel, Erik Poser

Situation

Nach der Weihnachtspause treffen sich die Mitarbeiter der Praxis und des Labors zu einer Besprechung. Elena Savchenko ist aufgrund von Rückenproblemen eine Woche krankgeschrieben und so erläutert Etienne Mason die Aufgaben für Laura Frenzel und Erik Poser. Da Laura schon lange in der Praxis beschäftigt ist, müssen nur ein paar Kleinigkeiten besprochen werden. Erik dagegen hat gerade erst seine Ausbildung abgeschlossen und benötigt mehr Informationen und Anweisungen für eine gute Zusammenarbeit.

Aufgaben

1 **Elena Savchenko**

Schreiben Sie an Etienne Mason, dass er Laura Frenzel für ihre gute Arbeit loben und ihr eine Gehaltserhöhung anbieten soll. Bitten Sie ihn außerdem, Laura den neuen Zahntechniker aus dem Labor, Erik Poser, vorzustellen, weil dieser in Zukunft die Aufträge der Praxis übernimmt.

2 **Laura Frenzel**

Erklären Sie Etienne Mason bei der Besprechung, dass Sie vor Weihnachten mit Andreas Wolf gesprochen haben, um die gestiegenen Preise für die Materialien zu verstehen. Berichten Sie, dass laut Herrn Wolf dafür gestiegene Rohstoffpreise und höhere Produktionskosten verantwortlich seien. Bedanken Sie sich für die Gehaltserhöhung.

3 **Etienne Mason**

Erzählen Sie, dass Sie Kontakt zu einem chinesischen Anbieter für Dentalprodukte haben, der möglicherweise günstiger ist. Erläutern Sie auch, dass sich die Praxis in Zukunft vermehrt um Mitarbeiter des lokalen Fernsehsenders kümmern wird und dass daher zahlreiche ästhetische Behandlungen durchgeführt werden müssen. Bitten Sie die Mitarbeiter, ihre Fragen dazu zu stellen.

4 **Erik Poser**

Stellen Sie sich kurz vor und fragen Sie nach den ästhetischen Behandlungen. Sie wollen wissen, ob Sie hauptsächlich Schienen zum Bleichen anfertigen müssen oder ob es sich um Kronen, Implantate etc. handelt.

5 **Etienne Mason**

Erklären Sie Erik, dass es sich um eine Vielzahl von unterschiedlichen Anfertigungen handeln wird. Schreiben Sie Elena eine Zusammenfassung des Gesprächs, damit sie informiert ist.

Zweiter Schritt: Bestellungen aufgeben und Kaufbedingungen verhandeln
Rollen: Elena Savchenko, Laura Frenzel, Andreas Wolf, Zheng Li

Situation

Elena Savchenko und Etienne Mason erstellen eine Liste mit Materialien für die kommenden zwei Monate. Etienne übergibt die Liste Laura mit der Bitte, alle Gegenstände zu bestellen. Laura soll jedoch erst noch einmal mit dem Lieferanten die Preise besprechen.

Aufgaben

1 **Elena Savchenko**

Schreiben Sie Etienne Mason und stellen Sie klar, wie wichtig es ist, nur mit Produkten von bester Qualität zu arbeiten. Erklären Sie das auch Laura Frenzel schriftlich und geben Sie ihr Anweisungen bezüglich der Bestellung.

2 **Laura Frenzel**

Schreiben Sie Andreas Wolf und versuchen Sie, ihn von einem Preisnachlass zu überzeugen. Weisen Sie auf die lange Zusammenarbeit und die großen Bestellmengen hin und betonen Sie, dass Sie gern weiter mit seiner Firma arbeiten würden. Schreiben Sie an Zheng Li und bitten Sie um Kataloge und Preislisten.

3 **Andreas Wolf**

Antworten Sie Laura und begründen Sie, warum Ihre Firma die Produkte nicht günstiger verkaufen kann. Erklären Sie, dass Sie ebenfalls sehr an der Fortsetzung der Zusammenarbeit interessiert sind.

4 **Zheng Li**

Schreiben Sie Laura Frenzel und fügen Sie einen Katalog und Preislisten hinzu. Weisen Sie auf die Qualität und Zuverlässigkeit Ihrer Produkte und auf die günstigen Preise Ihrer Firma hin.

Dritter Schritt:	Verhandlung mit dem Vertriebsleiter des Großhandels
Rollen:	Etienne Mason, Elena Savchenko, Laura Frenzel, Andreas Wolf

Situation

Etienne Mason und Elena Savchenko möchten den Lieferanten eigentlich nicht wechseln. Für die neuen Patienten brauchen sie beste Produkte und zuverlässige Lieferungen. Sie sind nicht sicher, ob die Firma von Herrn Li das bieten kann. Sie beschließen, selbst noch einmal mit Andreas Wolf in Kontakt zu treten.

Aufgaben

1 **Elena Savchenko**

Schreiben Sie Etienne Mason und bitten Sie ihn, noch einmal mit Andreas Wolf zu sprechen.

2 **Etienne Mason**

Schreiben Sie Andreas Wolf, dass Sie in Zukunft erheblich mehr Polierpaste, Polierköpfe und Bleichmaterial brauchen werden, und verhandeln Sie einen Nachlass von 10 % auf die nächste Bestellung sowie 5 % Nachlass auf einzelne Produkte in der Zukunft. Informieren Sie Laura schriftlich über die Vereinbarung und weisen Sie sie an, die Bestellung aufzugeben.

3 **Laura Frenzel**

Bestellen Sie die Materialien gemäß der Anweisung und stellen Sie sicher, dass die Bedingungen eingehalten werden.

4 **Andreas Wolf**

Schreiben Sie Laura Frenzel und bestätigen Sie die Bestellung und die vereinbarten Bedingungen. Nennen Sie auch ein Lieferdatum und drücken Sie Ihre Freude über die weitere Zusammenarbeit aus.

Vierter Schritt:	Einweisung des Zahntechnikers
Rollen:	Elena Savchenko, Erik Poser, Laura Frenzel

Situation

Elena Savchenko schreibt Erik Poser, welche Produkte die Praxis aktuell von ihm benötigt, und erklärt ihm Termine und Prioritäten. Da Erik noch neu im Labor ist, hat er einige Fragen dazu.

Aufgaben

1 **Elena Savchenko**

Schreiben Sie Erik Poser und erklären Sie ihm, welche Kronen, Brücken und Schienen er anfertigen muss. Die Abdrücke dafür soll er bei Laura abholen.

2 **Erik Poser**

Bedanken Sie sich schriftlich für die Informationen und fragen Sie nach den Materialien für die einzelnen Produkte. Informieren Sie Elena auch darüber, wie lange Sie vermutlich für die Arbeiten brauchen werden.

3 **Laura Frenzel**

Schreiben Sie Erik Poser, dass ein Patient da war, um seine Schienen für das Bleichen abzuholen, diese aber noch nicht fertig waren. Weisen Sie Erik an, die Schienen bis morgen zu fertigen.

Vorschläge zur Änderung

Situation

Etienne Mason und Elena Savchenko können Andreas Wolf nicht dazu bewegen, ihnen einen Preisnachlass zu gewähren. Sie entscheiden sich dafür, es mit der Firma von Zheng Li zu versuchen.

Aufgaben

- Etienne Mason schreibt Elena Savchenko, dass sie dringend eine Alternative finden müssen.
- Elena Savchenko macht sich Sorgen und bittet Etienne schriftlich, Muster zu bestellen.
- Etienne bittet Laura, eine genaue Anfrage an Zheng Li zu schreiben und um ein Angebot zu bitten.
- Zheng schickt ein ausführliches Angebot mit Produktproben und Lieferbedingungen.
- Etienne Mason schreibt Andreas Wolf, dass man sich leider für einen anderen Lieferanten entschieden habe.

Anwendung auf andere Berufsfelder

Im Kindergarten

Zentrale Rollen: Alicia Frank, Jordan Wende

Alicia Frank ist die Leiterin eines neuen Kindergartens in einer Kleinstadt in Süddeutschland. Zusammen mit dem Erzieher Jordan Wende plant sie einen Tag der offenen Tür, um interessierte Eltern mit dem Betreuungsangebot und den pädagogischen Zielen vertraut zu machen. Alle Erzieher/innen erhalten die Anweisung, ihre Gruppe vorzustellen. Außerdem müssen weitere Aufgaben verteilt werden, wie Essen und Getränke vorbereiten, Dekoration und eine kleine Aufführung mit den Kindern.

Auf der Baustelle

Zentrale Rollen: Joseph Castell, Toma Popescu

Toma Popescu arbeitet zurzeit auf einer Großbaustelle in der Nähe von Berlin. Dort lässt eine Versicherungsgesellschaft einen großen Gebäudekomplex errichten. Seine Anweisungen für den Einbau der Heizungs- und Sanitäranlagen erhält er schriftlich von Joseph Castell, dem Leiter seines Installationsbetriebs in Hamburg. Toma muss die Anweisungen an sein Team weitergeben und die Aufgaben verteilen.

Das Szenario

Lukas König ist Leiter eines Zentrums für Physiotherapie und Rehabilitation. Er ist u.a. verantwortlich für das Personal und dafür, dass Patienten nicht lange auf Termine warten müssen. Hannah Keller, die Sekretärin und Koordinatorin, kümmert sich um die Einsätze der Mitarbeiter und muss häufig kurzfristig Termine einrichten, wenn es sich um Notfälle handelt, wie beispielsweise bei Patienten mit starken Schmerzen oder akuten Beeinträchtigungen. Außerdem rufen Patienten oft kurzfristig an und sagen ihren Termin ab, sodass sie die Termine neu vergeben muss.

Hannah Keller hat bisher gute Arbeit geleistet, möchte jetzt jedoch kündigen. Lukas König muss mit ihr nicht nur über die Bedingungen der Kündigung verhandeln, sondern auch sicherstellen, dass genügend Zeit bleibt, um die neue Sekretärin, Julia Richter, sorgfältig einzuarbeiten.

Berufsgruppe: Mitarbeiter eines Zentrums für Physiotherapie und Rehabilitation

Rollen

Lukas König

Leiter der Klinik; er ist für die Mitarbeiter verantwortlich und sorgt dafür, dass Terminpläne im Interesse der Patienten und Mitarbeiter erstellt werden.

Julia Richter

Sekretärin, die Hannah Kellers Stelle übernehmen wird; sie muss noch eingearbeitet werden.

Tina Lohmann

Patientin; sie hat einen Termin zum Trainieren ihrer Kniegelenke, muss aber kurzfristig absagen.

Hannah Keller

Sekretärin; sie hat eine neue Stelle mit interessanteren Aufgaben gefunden und möchte kündigen. Sie verhandelt mit Lukas König die Details ihres Ausstiegs. Sie wechselt ihre Stelle nur ungern und möchte einen möglichst angenehmen Übergang für die Klinik.

Toma Popescu

Patient; er hat sich vor ein paar Wochen beim Fußball verletzt und befindet sich seitdem in Behandlung. Da er noch immer starke Schmerzen im Knie hat, benötigt er mehr Termine.

Was ist zu tun?

Erster Schritt: Einreichen einer Kündigung des Arbeitsvertrags
Rollen: Hannah Keller, Lukas König

Situation

Hannah Keller schickt ihre Kündigung an den Klinikleiter, Lukas König, der mit ihr einen Auflösungsvertrag vereinbaren soll. Da Hannah Keller immer eine zuverlässige und gute Mitarbeiterin war, bedauert Lukas König ihre Entscheidung, möchte ihr aber keine Probleme bereiten.

Aufgaben

1 **Hannah Keller**

Schreiben Sie Lukas König eine formelle Kündigung, in der Sie erklären, warum Sie den Arbeitsplatz wechseln möchten. In Ihrer neuen Stelle erhalten Sie ein besseres Gehalt und haben die Möglichkeit, im Unternehmen aufzusteigen. Schreiben Sie formell und höflich und bedanken Sie sich auch für die gute Zusammenarbeit.

2 **Lukas König**

Drücken Sie Ihr Bedauern über die Kündigung aus und fragen Sie, ob Hannah mit einer Gehaltserhöhung bleiben würde. Bitten Sie um ein Gespräch und nennen Sie einen Termin.

3 **Hannah Keller**

Bestätigen Sie den Gesprächstermin.

Zweiter Schritt:	Verhandlungsgespräch
Rollen:	Lukas König, Hannah Keller

Situation

Lukas König bittet Hannah Keller, ihre Kündigung rückgängig zu machen, und bietet ihr Gehaltsverbesserungen an. Hannah möchte aber die neue Stelle unbedingt antreten.

Aufgaben

1 **Lukas König**

Erklären Sie Hannah, wie zufrieden Sie mit ihrer Arbeit sind und dass Sie sie gern als Mitarbeiterin behalten würden. Bieten Sie eine Gehaltserhöhung an und fragen Sie Hannah nach weiteren Wünschen.

2 **Hannah Keller**

Äußern Sie Ihr Bedauern über die Situation und stellen Sie klar, dass Sie nicht unzufrieden sind. Erklären Sie, dass Sie sich aber gern beruflich verbessern möchten und dass die neue Stelle Aufstiegsmöglichkeiten bietet, die in der Klinik nicht vorhanden sind. Danken Sie Lukas König für sein Angebot, aber lehnen Sie höflich ab. Bitten Sie darum, einen Monat früher gehen zu können, als Ihre Kündigungsfrist vorsieht.

3 **Lukas König**

Geben Sie Ihr Einverständnis, vorausgesetzt dass Hannah die neue Sekretärin gründlich einarbeitet. Schreiben Sie im Anschluss eine E-Mail an Hannah, in der Sie die Vereinbarung zusammenfassen und zusagen, einen Auflösungsvertrag vorzubereiten.

Dritter Schritt:	Vorbereitung der Einarbeitung
Rollen:	Lukas König, Hannah Keller, Julia Richter

Situation

Bald darauf bittet Lukas König Hannah Keller, die neue Sekretärin einzuarbeiten. Julia Richter muss sich mit ihren künftigen Aufgaben vertraut machen, die Vorgehensweise der Klinik verstehen und die Mitarbeiter kennenlernen.

Aufgaben

1 **Lukas König**
Schreiben Sie Hannah Keller und legen Sie den Zeitplan für Julia Richters Einarbeitung fest.

2 **Hannah Keller**
Schicken Sie Julia Richter eine Checkliste, in der Sie die wichtigsten Aufgaben nennen.

3 **Julia Richter**
Schreiben Sie Hannah Ihre Fragen dazu und schlagen Sie vor, am ersten Tag darüber zu sprechen.

Vierter Schritt:	Kontakte mit Patienten zur Terminvereinbarung
Rollen:	Hannah Keller, Julia Richter, Toma Popescu, Tina Lohmann

Situation

Hannah Keller arbeitet Julia Richter ein. Heute müssen sie einige Patienten kontaktieren und deren Termine neu organisieren. In der Vergangenheit gab es ein paar Probleme mit den Einsatzplänen der Physiotherapeuten und den Patiententerminen. Der Grund dafür ist vermutlich ein Fehler in der Software.

Aufgaben

1 **Hannah Keller**
Schreiben Sie eine Rundmail an mehrere Patienten und an Julia Richter. Erklären Sie höflich, dass es eine Personaländerung gegeben hat, und stellen Sie Julia Richter als die neue Sekretärin vor. Erklären Sie, dass Julia sich von nun an um die Termine kümmern wird. Verabschieden Sie sich von den Patienten.

2 **Toma Popescu**
Antworten Sie auf die Rundmail und stellen Sie klar, dass Ihr Termin nicht geändert werden kann, weil Sie immer noch starke Schmerzen im Knie haben.

3 **Julia Richter**
Antworten Sie Toma Popescu und stellen Sie sich als neue Ansprechpartnerin vor. Erklären Sie, dass Sie sein Problem verstehen und dass sein Termin bestehen bleibt.

4 **Tina Lohmann**
Schreiben Sie eine Nachricht, in der Sie Ihren Termin in der kommenden Woche absagen. Entschuldigen Sie sich und nennen Sie einen Grund.

5 **Julia Richter**
Antworten Sie der Patientin und bieten Sie ihr einen neuen Termin an.

Fünfter Schritt:	Dankbarkeit ausdrücken
Rollen:	Hannah Keller, Lukas König

Situation

Hannah Keller hat vor fünf Jahren ohne Berufserfahrung die Stelle in der Klinik erhalten. Obwohl sie jetzt beruflich weiterkommen möchte, ist ihr bewusst, wie viel sie dort gelernt hat. Sie ist sehr dankbar für diese Chance.

Aufgaben

1 **Hannah Keller**

Schreiben Sie Lukas König eine formelle E-Mail, in der Sie Ihre Dankbarkeit ausdrücken. Machen Sie nochmals klar, dass Sie aus beruflichen Gründen aufhören und nicht, weil Sie unzufrieden sind.

2 **Lukas König**

Antworten Sie auf Hannahs E-Mail und bedanken Sie sich für die gute Arbeit in den letzten Jahren. Wünschen Sie ihr Glück und Erfolg auf ihrem weiteren Weg.

3 **Hannah Keller**

Bedanken Sie sich bei Lukas König und schlagen Sie vor, in zwei Wochen eine kleine Abschiedsfeier zu veranstalten. Teilen Sie ihm mit, dass Julia Richter eine gute Nachfolgerin sein wird.

Vorschläge zur Änderung

Situation

Aslan Solak arbeitet als Physiotherapeut in der Klinik und ist sehr beliebt bei den Patienten. Er ist jedoch seit einiger Zeit unzufrieden mit seinen Arbeitszeiten und wünscht sich mehr Entscheidungsfreiheit, weil er zwei kleine Kinder hat. Nun hat er Kontakt zu Dimitra Papadopoulou von der Elbstrand Klinik aufgenommen und von ihr das Angebot erhalten, dort zu arbeiten. Er kündigt seine Stelle in der Klinik.

Aufgaben

- Aslan Solak schreibt eine Kündigung an Lukas König.
- Lukas König möchte Aslan Solak nicht verlieren und bittet ihn um ein Gespräch.
- Sie einigen sich im Gespräch auf eine Änderung des Arbeitsvertrags mit mehr Freiheiten bei der Terminplanung und einem besseren Gehalt.

Anwendung auf andere Berufsfelder

In der Logistikfirma

Zentrale Rollen: Patrick O'Connell, Peter Böhm

Patrick O'Connell ist Manager eines Logistikunternehmens, das hauptsächlich Produkte für Online-Shops ausliefert. Einer seiner größten Kunden, ein Online-Händler für Wein und Feinkost, hat in der Vergangenheit öfter Beschwerden von Kunden erhalten, weil die Produkte zu spät eingetroffen sind. Offensichtlich haben einige Fahrer der Logistikfirma Pakete nicht ausgeliefert, um Zeit zu sparen. Der Weinhändler Peter Böhm sieht, dass dadurch seine Umsätze sinken. Deshalb sucht er ein neues Logistikunternehmen und kündigt schließlich den Vertrag mit Patrick O'Connell.

Im Einzelhandel

Zentrale Rollen: Jessica Frisch, Alex Lopes

Jessica Frisch ist Filialleiterin eines Kosmetikgeschäfts im örtlichen Einkaufszentrum. Alex Lopes wurde vor ein paar Wochen dort als Verkäufer eingestellt. Das hat sich als schlechte Entscheidung herausgestellt, denn er kam oft zu spät zur Arbeit, war wenig motiviert und nicht freundlich zu den Kunden. Am Ende der Probezeit beschließt Jessica Frisch, seinen Arbeitsvertrag zu kündigen.

Das Szenario

„Wasser, Klima, Heizung“ ist eine internationale Messe für Installationen rund um Gebäude. Jedes Jahr kommen Besucher und Geschäftsleute aus der ganzen Welt hierher, um neue Produkte vorzustellen, Kontakte zu knüpfen und Werbung für ihre Marken zu machen. Die Firma Winkler Badeinrichtung ist zum zweiten Mal als Aussteller auf der Messe dabei und der Inhaber, Joel Winkler, verspricht sich eine größere Verbreitung seiner exklusiven Installationen für moderne Bäder. Er hat ein kleines Team zur Messe geschickt, um dort vor allem die edlen neuen Wasserhähne zu präsentieren, die sich im vergangenen Jahr für Hotels und Privatwohnungen sehr gut verkauft haben.
Die Wasserhähne besitzen ein schlichtes, elegantes Design und zeichnen sich durch ihre lange Lebensdauer aus. Joel Winkler und seine Mitarbeiter wollen durch die Ausstellung neue Kunden gewinnen und ihr Geschäft ausbauen.

Berufsgruppe: Mitarbeiter eines Sanitärbetriebs, Messebesucher

Rollen

Joel Winkler

Inhaber der Firma Winkler Badeinrichtung; er möchte durch den Messeauftritt neue Kunden gewinnen, ist aber selbst nicht vor Ort.

Melanie Keller

stellvertretende Geschäftsführerin; sie hat den Messeauftritt zum zweiten Mal organisiert.

Marzhan Nasrin

Assistentin der Geschäftsleitung; sie betreut den Stand und die Interessenten.

Gabriel Krämer

Vertriebsleiter; er präsentiert den neuen Wasserhahn.

Olivia Fuchs

Interessentin; sie ist eine erfolgreiche Innenarchitektin und interessiert sich für die Wasserhähne.

Alonso Gutierrez

Vertreter eines Großhandelsunternehmens in Spanien; er sucht neue Lieferanten für Sanitärinstallationen.

Was ist zu tun?

Erster Schritt: Vorbereitung des Messestands und der Präsentation
Rollen: Joel Winkler, Gabriel Krämer, Melanie Keller und Marzhan Nasrin

Situation

Das Team von Winkler Badeinrichtung muss am Tag vor der Eröffnung der Messe den Stand vorbereiten. Melanie Keller und Marzhan Nasrin kümmern sich um die Broschüren, Kataloge, Preislisten und Ausstellungsstücke. Gabriel Krämer bereitet seine Präsentation vor. Joel Winkler hält Kontakt per E-Mail und schickt Anweisungen und Informationen.

Aufgaben

1 **Joel Winkler**
Schreiben Sie eine kurze E-Mail an Gabriel Krämer, in der Sie über die letzten Verkaufsstatistiken informieren. Überlegen Sie, wo die Firma Wasserhähne verkauft hat und um welche Mengen es sich dabei handelte.

2 **Gabriel Krämer**
Machen Sie sich Notizen für Ihre Präsentation. Notieren Sie die Vorteile des Produkts, weisen Sie auf Design und Qualität hin und nennen Sie Verkaufszahlen, um den Erfolg des Produkts zu unterstreichen.

3 **Melanie Keller**
Helfen Sie Gabriel Krämer bei der Vorbereitung der Präsentation.

4 **Marzhan Nasrin**
Schreiben Sie Joel Winkler, dass alles in Ordnung ist und dass Sie sich melden, falls Sie etwas brauchen.

Zweiter Schritt: Präsentieren und Fragen beantworten
Rollen: Gabriel Krämer, Melanie Keller, Marzhan Nasrin, Olivia Fuchs, Alonso Gutierrez

Situation

Joel Winkler hat einige Kunden und Interessenten zur Präsentation eingeladen. Die Besucher kommen am Messestand an und werden von Melanie Keller und Marzhan Nasrin empfangen. Gabriel Krämer präsentiert das Produkt und stellt die aktuellen Verkaufszahlen und Kundenreferenzen vor. Danach steht er für Fragen zur Verfügung. Die Besucher machen sich während der Präsentation Notizen und setzen sich mit ihren Firmen in Verbindung.

Aufgaben

1 **Marzhan Nasrin**
Begrüßen Sie die Gäste und stellen Sie sich vor. Bieten Sie an, später ein Gespräch zu führen.

2 **Melanie Keller**
Heißen Sie die Gäste im Namen der Firma willkommen. Stellen Sie sich und die Firma kurz vor und übergeben Sie dann an Gabriel Krämer.

3 **Gabriel Krämer**
Halten Sie Ihre Präsentation anhand Ihrer Notizen. Stellen Sie auch dar, wie sehr Sie an einer Zusammenarbeit mit Vertretern aus dem Ausland interessiert sind.

4 **Olivia Fuchs**
Machen Sie sich während der Präsentation Notizen zu dem Produkt und überlegen Sie, für welches Bauprojekt es interessant sein könnte. Stellen Sie Gabriel Krämer Fragen zum Produkt.

5 **Alonso Gutierrez**
Fragen Sie Gabriel Krämer nach Liefermöglichkeiten in verschiedene Städte in Spanien. Bitten Sie auch um Informationen zu Lieferzeiten, Preisen, Nachlässen etc. Notieren Sie seine Antworten.

Dritter Schritt: Ideen austauschen
Rollen: Melanie Keller, Olivia Fuchs, Alonso Gutierrez, Marzhan Nasrin, Joel Winkler

Situation

Nach der Präsentation lädt Melanie Keller die Besucher zu Getränken und Gesprächen am Stand ein. Dort können sie sich den Wasserhahn genauer ansehen. Dies ist eine gute Gelegenheit, einander besser kennenzulernen und Interessen auszutauschen.

Aufgaben

1 **Melanie Keller**
Laden Sie die Besucher zu einem Getränk ein und beginnen Sie ein Gespräch. Sprechen Sie zunächst über allgemeine Themen und kommen Sie dann zu geschäftlichen Fragen.

2 **Olivia Fuchs**
Fragen Sie nach weiteren Einzelheiten zum Produkt (Material, Garantie, Erfahrungswerte, Tests etc.)

3 **Alonso Gutierrez**
Äußern Sie Interesse daran, das Produkt (und möglicherweise weitere) als Großhändler in Spanien zu verkaufen. Sagen Sie auch, dass Sie nicht sicher sind, ob die Firma Ihre Bestellmengen bewältigen kann.

4 **Melanie Keller**
Versichern Sie Alonso Gutierrez, dass Ihre Firma auch größere Mengen herstellen und liefern kann. Sie müssten dazu die Kapazität erhöhen. Erklären Sie, dass dies etwas Zeit brauchen wird.

5 **Marzhan Nasrin**
Schreiben Sie Joel Winkler eine kurze E-Mail und informieren Sie ihn über die neuesten Entwicklungen.

6 **Joel Winkler**
Schreiben Sie Marzhan Nasrin, dass Sie sehr zufrieden sind und sich freuen würden, wenn die Interessenten Aufträge erteilen würden.

Vierter Schritt: Kontaktformulare ausfüllen und Nachfassen per E-Mail
Rollen: Olivia Fuchs, Alonso Gutierrez, Marzhan Nasrin, Gabriel Krämer, Joel Winkler

Situation

Am Ende der Veranstaltung brauchen die Mitarbeiter von Winkler Badeinrichtung noch die Kontaktdaten der Interessenten sowie ein paar Informationen zu deren besonderen Interessen. So können sie leichter wieder Kontakt aufnehmen und z. B. Angebote schicken.

Aufgaben

1 **Olivia Fuchs und Alonso Gutierrez**
Schreiben Sie ein kurzes Kontaktformular mit Ihren Daten und Details über Ihre Interessen.

2 **Marzhan Nasrin**
Fassen Sie für Joel Winkler schriftlich zusammen, wie das Gespräch auf der Messe verlaufen ist.

3 **Gabriel Krämer**

Schreiben Sie den neuen Interessenten eine E-Mail, in der Sie sich für das Interesse und die Gespräche bedanken. Ergänzen Sie ein paar allgemeine Informationen zu den Produkten und der Firma und schreiben Sie, dass Sie und Ihr Team gern zur Beantwortung weiterer Fragen zur Verfügung stehen.

4 **Joel Winkler**

Schreiben Sie ebenfalls an die neuen Interessenten. Stellen Sie sich als Inhaber der Firma vor und drücken Sie Ihre Freude über eine mögliche Zusammenarbeit aus.

Vorschläge zur Änderung

Situation

Joel Winkler möchte, dass seine Mitarbeiter auch einen neuen Duschkopf vorstellen, der sich in den letzten Wochen besser als erwartet verkauft hat. Der Duschkopf hat ebenfalls ein elegantes Design und verfügt über verschiedene Einstellungen für den Wasserstrahl.

Aufgaben

- Joel Winkler teilt Marzhan Nasrin mit, dass Gabriel Krämer auch den Duschkopf präsentieren soll.
- Marzhan Nasrin erklärt Gabriel Krämer den Wunsch des Chefs, sodass Gabriel die Präsentation entsprechend ergänzen kann.
- Gabriel Krämer präsentiert auch den neuen Duschkopf und erklärt dessen Vorzüge.
- Olivia Fuchs möchte diesen Duschkopf in größerer Zahl für ein neues Designhotel bestellen.
- Melanie Keller kümmert sich um den Auftrag.

Anwendung auf andere Berufsfelder

In der Automobilindustrie

Zentrale Rollen: Mackenzie Stanciu, Adam Zubic

STANCU ist ein Technologie-Startup, das einige Applikationen für Multimedia in Autos entwickelt hat. Mackenzie Stanciu und Adam Zubic, die Gründer von STANCU, stellen ihre Produkte zum ersten Mal auf einer Messe für Autozubehör vor. Sie möchten auf der Messe nicht nur Kunden wie beispielsweise Kfz-Werkstätten für ihre Lizenzen gewinnen, sondern vielleicht auch Investoren kennenlernen, die ihnen helfen, ihr Unternehmen auszubauen und neue Marketingstrategien zu entwickeln.

Im Einzelhandel

Zentrale Rollen: Sarah Papadakis, Michelle Huber

Sarah Papadakis betreibt in Griechenland eine kleine Modefirma, die Businesskleidung für Frauen entwirft und herstellt. Sie reist zur Messe, um neue Kunden zu gewinnen, die ihre Mode in Bekleidungsgeschäften verkaufen. Michelle Huber, die Leiterin eines deutschen Bekleidungsgeschäfts, schaut sich die Präsentation an und zeigt Interesse an den Modellen von Sarah Papadakis, weil deren Qualität sehr gut ist. Die beiden diskutieren Möglichkeiten einer Zusammenarbeit.

Das Szenario

Gumpert Software, ein mittleres Unternehmen der IT-Branche, führt regelmäßig Schulungen und Events für die Nutzer seiner Softwarelösungen im firmeneigenen Konferenzzentrum durch. Für das kommende Event hat die Vertriebsleiterin, Christiane Götz, 200 Broschüren mit Leistungsbeschreibungen und 200 Konferenzmappen für die Gäste bestellt. Die Gestaltung der Drucksachen übernimmt Regina Davis, die Grafikdesignerin der Werbeagentur CommunicateNow!

Obwohl CommunicateNow! letztlich für die Lieferung der Ware innerhalb der Lieferfrist verantwortlich ist, werden die Entwürfe in der Druckerei PrintStyle gedruckt und schließlich über das Transportunternehmen Paketblitz versandt. Wenn sich Lieferungen verzögern, sind alle Unternehmen dafür verantwortlich, den Fehler zu finden und zur Lösung des Problems beizutragen.

Berufsgruppe: Vertriebsmitarbeiter einer IT-Firma, Lieferanten von Werbebroschüren

Rollen

Christiane Götz

Vertriebsleiterin bei Gumpert Software; sie hat die Drucksachen bestellt und ist dafür verantwortlich, dass das Event wie geplant stattfindet.

Regina Davis

Grafikdesignerin bei der Werbeagentur CommunicateNow!; sie hat die Drucksachen nach der Bestellung von Christiane Götz entwickelt.

Bruno Scholz

Leiter der Druckerei PrintStyle; er arbeitet häufig mit der Werbeagentur Communicate Now! zusammen.

Henry Kovac

Fahrer bei Paketblitz; er soll die Pakete bei Gumpert Software ausliefern.

Raj Prashad

Disponent beim Transportunternehmen Paketblitz; er koordiniert die Touren der Fahrer des Unternehmens. Dabei beaufsichtigt er die Sendungsverläufe und hält Kontakt zu den Fahrern.

Was ist zu tun?

Erster Schritt: Bestellung von Drucksachen

Rollen: Christiane Götz, Regina Davis, Bruno Scholz, Raj Prashad

Situation

Christiane Götz bestellt bei Regina Davis die Drucksachen für das Kundenevent. Regina Davis bestätigt den Auftrag. Dann klärt sie mit Bruno Scholz die Anzahl, die Papierqualität und das Lieferdatum für die Drucksachen. Bruno Scholz vereinbart einen Auslieferungstermin mit dem Transportunternehmen.

Aufgaben

1 **Christiane Götz**

Sie reagieren auf ein Angebot der Werbeagentur. Schreiben Sie eine E-Mail an Regina Davis, in der Sie den Auftrag bestätigen.

2 **Regina Davis**

Schicken Sie der Druckerei Ihr Layout für die Broschüren und Mappen und bestellen Sie jeweils 200 Exemplare. Machen Sie Angaben zum gewünschten Papier, zur Größe, zu Farben etc.

3 **Bruno Scholz**

Schreiben Sie an das Transportunternehmen und nennen Sie einen Abhol- sowie einen Auslieferungstermin. Beziehen Sie sich auf die üblichen Preise für den Service. Sie sind Stammkunde bei Paketblitz.

4 **Raj Prashad**

Bestätigen Sie den Auftrag von Bruno Scholz und bieten Sie einen Sonderpreis an.

5 **Bruno Scholz**

Bedanken Sie sich für den Sonderpreis und erteilen Sie den Auftrag.

Zweiter Schritt:	Nachfrage wegen Lieferverzögerung
Rollen:	Christiane Götz, Regina Davis, Bruno Scholz, Raj Prashad

Situation

Am vereinbarten Tag sind die Drucksachen nicht angekommen. Christiane Götz braucht sie dringend, um ihre Mitarbeiter einzuweisen und die Räume vorzubereiten. Die Veranstaltung soll in zwei Tagen stattfinden.

Aufgaben

1 **Christiane Götz**

Schreiben Sie an Regina Davis und fragen Sie, wo die Drucksachen bleiben. Bringen Sie zum Ausdruck, dass es dringend ist.

2 **Regina Davis**

Entschuldigen Sie sich bei Christiane Götz und versprechen Sie eine schnelle Lösung. Schreiben Sie an Bruno Scholz und fragen Sie, was passiert ist. Erklären Sie, dass Ihre Kundin verärgert ist.

3 **Bruno Scholz**

Antworten Sie Regina, dass die Transportfirma die Pakete zum vereinbarten Zeitpunkt abgeholt hat, und versprechen Sie, sofort dort nachzufragen. Schreiben Sie an Raj Prashad und bitten Sie um Aufklärung.

4 **Raj Prashad**

Erklären Sie, dass der Fahrer noch unterwegs ist, und dass es möglicherweise Probleme mit dem Fahrzeug oder dem Verkehr gegeben hat. Versprechen Sie, sofort Kontakt mit dem Fahrer aufzunehmen, um herauszufinden, wo genau die Probleme liegen.

Dritter Schritt:	Beschwerde und Lösungsvorschläge
Rollen:	Christiane Götz, Regina Davis, Bruno Scholz, Raj Prashad, Henry Kovac

Situation

Am nächsten Morgen sind die Drucksachen immer noch nicht angekommen. Christiane Götz wird langsam nervös, weil das Event ohne die Broschüren und Mappen nicht professionell durchgeführt werden kann. Sie ruft Regina Davis an und übt Druck aus. Regina muss nun schnell eine Lösung finden, wenn sie die Kundin nicht verlieren will.

Aufgaben

1 **Christiane Götz**
Rufen Sie Regina Davis an und drängen Sie sie herauszufinden, wo Ihre Drucksachen sind. Beschweren Sie sich über die Verzögerungen und darüber, dass Sie bisher keine genauen Informationen erhalten haben.

2 **Regina Davis**
Entschuldigen Sie sich bei Christiane Götz und versprechen Sie, sich um die Sendung zu kümmern. Schreiben Sie an Bruno Scholz. Äußern Sie Ihre Unzufriedenheit und verlangen Sie eine schnelle Lösung des Problems.

3 **Bruno Scholz**
Rufen Sie Raj Prashad an und fragen Sie nach der Lieferung. Machen Sie klar, dass es sehr eilig ist.

4 **Raj Prashad**
Sprechen Sie direkt mit dem Fahrer, um herauszufinden, warum er die Pakete am Vortag nicht ausgeliefert hat. Bitten Sie ihn, sofort zu Gumpert Software zu fahren.

5 **Henry Kovac**
Erklären Sie Raj Prashad, dass auf dem Paket eine falsche Adresse angegeben war und Sie es deshalb nicht zustellen konnten. Bitten Sie um die richtige Adresse.

6 **Raj Prashad**
Klären Sie mit Bruno Scholz die Adresse.

7 **Bruno Scholz**
Schreiben Sie Regina Davis, dass die Sendung jetzt auf dem Weg zum Kunden ist. Entschuldigen Sie sich für den Fehler.

Vierter Schritt:	Versenden der Lieferbestätigung
Rollen:	Henry Kovac, Raj Prashad, Bruno Scholz, Regina Davis

Situation

Henry Kovac schickt Raj Prashad die Lieferbestätigung, direkt nachdem er die Pakete bei Gumpert Software abgeliefert hat. Nun müssen noch alle anderen Beteiligten darüber informiert werden.

Aufgaben

1 **Henry Kovac**
Schicken Sie dem Disponenten eine Lieferbestätigung.

2 **Raj Prashad**
Leiten Sie die Lieferbestätigung an Bruno Scholz weiter und erklären Sie, dass nun alles in Ordnung ist.

3 **Bruno Scholz**

Bedanken Sie sich für die schnelle Erledigung und schreiben Sie an Regina Davis. Versprechen Sie, dass Sie in Zukunft besser aufpassen werden.

4 **Regina Davis**

Bedanken Sie sich für die Klärung und drücken Sie Ihre Freude darüber aus, dass am Ende doch noch alles funktioniert hat.

Vorschläge zur Änderung

Situation

Die Drucksachen sind rechtzeitig geliefert worden, doch Christiane Götz ist mit der Ausführung unzufrieden. Die Farben entsprechen nicht exakt den Farben Ihres Unternehmens und sie beschwert sich bei Regina Davis. Die Designerin muss das Problem nun schnell mit der Druckerei klären und sicherstellen, dass die neuen Broschüren und Mappen noch rechtzeitig bei Gumpert Software eintreffen.

Aufgaben

- Christiane Götz ruft Regina Davis an, um zu erklären, wie dringend der Auftrag ist.
- Regina Davis gibt die Beschwerde an Bruno Scholz weiter, der beim Drucken Fehler gemacht hat.
- Bruno Scholz entschuldigt sich für die Fehler und verspricht, neue Unterlagen zu drucken und sie noch rechtzeitig liefern zu lassen. Er muss mit der Transportfirma eine Eillieferung vereinbaren.
- Regina Davis schreibt Christiane Götz, dass alles noch am gleichen Tag erledigt wird.

Anwendung auf andere Berufsfelder

In der Autozulieferung

Zentrale Rollen: Arthur Quinn, Oliver Diaz

Arthur Quinn betreibt eine Werkstatt für Kfz-Elektrik und bestellt alle zwei Monate neue Bauteile bei Oliver Diaz, der ihn bisher immer gut betreut hat. Dieses Mal verspätet sich die Lieferung jedoch und so gerät Arthur Quinn bei einigen Aufträgen unter Zeitdruck. Zusammen mit Oliver Diaz versucht er herauszufinden, wie der Fehler bei der Lieferung passiert ist und wann er die benötigten Teile bekommt.

In der Spedition

Zentrale Rollen: Elena Binder, Adrian Dupont

Die Speditionsfirma von Adrian Dupont arbeitet unter anderem für Elena Binder, eine erfolgreiche Künstlerin, die seit einiger Zeit Skulpturen und Installationen im ganzen Land ausstellt. Um die empfindlichen Kunstwerke sicher transportieren zu können, hat Adrian Dupont bei einem Hersteller für Verpackungsmaterial Folien, Packpapier, Kartons und Paletten bestellt, doch bisher sind die Waren nicht bei ihm angekommen, sodass sich der Transport verzögert. Elena wird ungeduldig, weil die nächste Ausstellung kurz bevorsteht.

Das Szenario

Tolga Ergün ist im zweiten Jahr seiner Ausbildung zum Friseur. An drei Tagen in der Woche arbeitet er in einem Friseursalon für Männer und Frauen und an zwei Tagen in der Woche geht er zur Berufsschule. Als Auszubildender muss Tolga ein Berichtsheft führen, in dem er seine Erfahrungen im Beruf beschreibt. Außerdem muss er manchmal Aufgaben für die Berufsschule schriftlich erledigen. Beides tauscht er mit seinen Kollegen von der Berufsschule aus, um sich gegenseitig zu unterstützen. Seine Lehrer und der Meister des Friseursalons schauen sich seine Arbeiten regelmäßig an und helfen ihm bei der Verbesserung.

In einem Monat steht für Tolga Ergün eine Zwischenprüfung in Theorie und Praxis an, auf die er sich vorbereiten muss.

Berufsgruppe: Mitarbeiter eines Friseursalons, Berufsschullehrer

Rollen

Tolga Ergün

Auszubildender und Berufsschüler; er möchte Friseur werden und später beim Fernsehen arbeiten.

Jana Wessmann

Friseurin im Salon Haberstatter; sie arbeitet schon seit einigen Jahren dort und unterstützt auch die Azubis.

Reza Khalili

Lehrer an der Berufsschule, die Tolga Ergün besucht; er unterrichtet Deutsch und Wirtschaftskunde.

Uwe Haberstatter

Friseurmeister und Inhaber des Friseursalons Haberstatter; er ist für Tolgas praktische Ausbildung verantwortlich und arbeitet im Salon mit ihm zusammen.

Nele Mais

Klassenkameradin von Tolga Ergün; sie macht ebenfalls eine Ausbildung zur Friseurin.

Was ist zu tun?

Erster Schritt: Austausch mit der Klassenkameradin über das Berichtsheft

Rollen: Tolga Ergün, Nele Mais

Situation

Tolga Ergün muss nächste Woche sein Berichtsheft beim Meister abgeben. Dazu muss er noch einen wöchentlichen Bericht schreiben. Nele Mais hat versprochen, ihm dabei zu helfen. Sie arbeitet auch gerade an ihrem Wochenbericht.

Aufgaben

1 **Tolga Ergün**

Schreiben Sie einen wöchentlichen Bericht, in dem Sie auf folgende Punkte eingehen: Ausbildungsnachweis-Nummer, Name, Ausbildungsbetrieb, Ausbildungsberuf, Ausbildungswoche, Ausbildungsjahr, betriebliche Tätigkeit (Was haben Sie im Salon gemacht?), Unterweisung/betrieblicher Unterricht (Was haben Sie im Salon gelernt?), Berufsschule, Thema Fach 1 (im Deutschunterricht haben Sie Beratungsgespräche mit Kunden geübt), Thema Fach 2 (in Wirtschaftskunde haben Sie Preisberechnungen für Friseurleistungen durchgeführt).
Vergessen Sie nicht das Datum und die Unterschrift. Schicken Sie Ihren Bericht dann per E-Mail an Nele Mais. Bitten Sie sie um eine Rückmeldung.

2 **Nele Mais**

Schreiben Sie ebenfalls Ihren wöchentlichen Bericht. Schicken Sie den Bericht zusammen mit einer kurzen E-Mail an Tolga Ergün.

3 **Tolga Ergün**

Lesen Sie Neles Bericht und schreiben Sie Ihre Meinung dazu in einer E-Mail.

4 **Nele Mais**

Lesen Sie Tolgas Bericht und geben Sie ihm per E-Mail Tipps zur Verbesserung.

Zweiter Schritt: Kontrolle des Berichtshefts und Bitte um Ergänzung

Rollen: Tolga Ergün, Uwe Haberstatter, Jana Wessmann

Situation

Tolga hat sein Berichtsheft bei Uwe Haberstatter abgegeben und bekommt eine Rückmeldung dazu. Einige Punkte hat er gut bearbeitet, bei anderen fehlen dem Meister ausführlichere Informationen. Tolga muss den Bericht verbessern.

Aufgaben

1 **Uwe Haberstatter**

Schreiben Sie Tolga Ergün, was Ihnen gefallen hat. Bitten Sie ihn auch, einige Themen ausführlicher zu beschreiben.

2 **Tolga Ergün**

Sprechen Sie mit Jana Wessmann darüber, was Sie letzte Woche im Salon alles gemacht haben. Lassen Sie sich von ihr eine Liste geben.

3 **Jana Wessmann**

Schreiben Sie eine Liste mit Aktivitäten im Salon (z. B. gemeinsames Anmischen von Haarfarbe, Empfang von Kunden, Terminvergabe am Telefon, Haarpflege, Produktberatung etc).

4 **Tolga Ergün**

Schreiben Sie genaue Auskünfte zur betrieblichen Tätigkeit anhand von Janas Liste.

Dritter Schritt: Tipps und Informationen zur Prüfung einholen

Rollen: Tolga Ergün, Nele Mais, Reza Khalili, Jana Wessmann

Situation

Tolga und Jana erhalten von Reza Khalili eine Liste mit möglichen Prüfungsthemen. Sie recherchieren dazu im Internet. Tolga fragt seine Kollegin Jana nach dem praktischen Teil der Prüfung.

Aufgaben

1 **Reza Khalili**

Suchen Sie im Internet Informationen zur theoretischen Zwischenprüfung für Friseure. Wählen Sie einige Themen aus und schreiben Sie eine kurze Liste für Ihre Schüler.

2 **Tolga und Jana**

Schauen Sie sich die Liste von Reza Khalili an und recherchieren Sie ebenfalls im Internet. Notieren Sie Beispielfragen und mögliche Antworten.

3 **Tolga Ergün**

Fragen Sie Jana Wessmann nach ihrer Zwischenprüfung und den Themen des praktischen Teils.

4 **Jana Wessmann**

Informieren Sie Tolga über mögliche Prüfungsthemen. Schreiben Sie zusammen mit ihm eine Liste, die ihm beim Lernen helfen kann.

Vierter Schritt: Die Zwischenprüfung vorbereiten

Rollen: Tolga Ergün, Uwe Haberstatter, Jana Wessmann, Reza Khalili

Situation

Tolga Ergün übt mit Musterprüfungen. Wenn er Fragen oder Probleme hat, wendet er sich an seinen Lehrer oder seine Kollegen.

Aufgaben

1 **Tolga Ergün**

Schreiben Sie Antworten zu Prüfungsfragen und schicken Sie sie an Reza Khalili (theoretische Aufgaben) und an Jana Wessmann und Uwe Haberstatter (praktische Aufgaben). Bitten Sie um Hilfe, wenn Sie keine Antworten wissen, und fragen Sie, was Sie verbessern können.

2 **Reza Khalili**

Schauen Sie sich Tolgas Antworten an und geben Sie ihm eine Rückmeldung dazu. Sagen Sie, was er gut gemacht hat und wo er sich noch verbessern muss.

3 **Jana Wessmann**

Schreiben Sie für Tolga eine kurze Zusammenfassung Ihrer eigenen Zwischenprüfung. Nennen Sie folgende Punkte: Pflegeprodukte anbieten und ihre Wirkung erklären, Beratung eines Kunden mit seitlichem Haarausfall zu Frisur und Bart, Umhang anlegen, Haarpflege durchführen.

4 **Uwe Haberstatter**

Schreiben Sie Tolga eine kurze Rückmeldung zu seinen Überlegungen bezüglich des praktischen Teils. Erklären Sie ihm, worauf er achten muss (z. B. Freundlichkeit, detaillierte Beratung, Small Talk, Vorsicht bei der Pflege etc).

5 **Tolga Ergün und Jana Wesemann**

Üben Sie die praktische Prüfung. Tolga ist der Friseur und Jana die Kundin. Sie möchte eine neue Frisur, die besser zu ihrem Gesicht passt. Außerdem denkt sie über eine neue Haarfarbe nach. Tolga muss sie empfangen, ein Beratungsgespräch führen und die Kundin auf Schnitt und Farbe vorbereiten.

Vorschläge zur Änderung

Situation

Tolga soll seine Berichte nicht wöchentlich, sondern täglich schreiben. Deshalb benutzt er eine andere Vorlage für das Berichtsheft und entwickelt mit Jana und Nele Stichpunkte. Uwe Haberstatter bittet ihn, die Stichpunkte auszuformulieren. Für die Zwischenprüfung muss er andere Fragen schriftlich beantworten.

Aufgaben

- Uwe Haberstatter meint, dass die Berichte inhaltlich in Ordnung sind, dass Tolga sie aber besser formulieren muss.
- Tolga bittet seinen Deutschlehrer um Hilfe und schreibt mit ihm Beispiele für das Berichtsheft und die Prüfungsaufgaben.

Anwendung auf andere Berufsfelder

In der Baufirma

Zentrale Rollen: Jens Herder, Karim Aziz

Karim Aziz ist im dritten Jahr seiner Ausbildung zum Maurer und legt in drei Monaten die Gesellenprüfung ab. Sein Berichtsheft muss er regelmäßig dem Maurermeister Jens Herder vorlegen, der hin und wieder Ergänzungen und/oder Verbesserungen fordert. Karim Aziz tauscht sich auch oft mit seinen Klassenkameraden in der Berufsschule aus.

In der Arztpraxis

Zentrale Rollen: Lina Frank, Sabine Preusser

Lina Frank hat vor Kurzem ihre Ausbildung zur Arzthelferin in der Praxis von Frau Dr. Preusser begonnen. Dort hat man ihr auch erklärt, wie ein Berichtsheft geschrieben wird. Weitere Informationen dazu findet Lina im Internet. Sie schreibt Berichte für einzelne Tage und bekommt Unterstützung von den anderen Arzthelferinnen in der Praxis. Auch die Ärztin schaut sich Linas Berichte an.

Im Einzelhandel

Zentrale Rollen: David Feinberg, Luise Wolff

David Feinberg steht kurz vor der Abschlussprüfung zum Einzelhandelskaufmann. Er sucht Prüfungsaufgaben im Internet und übt zusammen mit seiner Kollegin Luise Wolff. Auch David muss ein Berichtsheft führen.

1 Bewerbung

1a 1 Persönliche Daten, 2 Name, 3 Anschrift, 4 Telefon, 5 E-Mail, 6 Geburtsdatum/-ort, 7 Berufserfahrung, 8 Weiterbildungen/Kurse, 9 Berufsausbildung, 10 Schulbildung, 11 Besondere Kenntnisse/Sprachen

1b 1f, 2e, 3i, 4l, 5b, 6c, 7a, 8d, 9k, 10g, 11j, 12h

1c Zu meinen Tätigkeiten gehörte auch ...
2 das Messen des Wasserdrucks.
3 der Aufbau von Messeständen.
4 der Einkauf von Materialien für die Produktion.
5 die Kontrolle von Konzertbesuchern am Einlass.
6 das Schreiben von Angeboten.
7 die Bedienung von Gästen.
8 das Training der Muskulatur von Patienten.
9 die Reparatur von Lastkraftwagen.
10 die Herstellung elektronischer Bauteile.
11 das Telefonieren mit Kunden.
12 die Auslieferung von Waren.

2a A
- abgeschlossene Erzieherausbildung
- Freude am Umgang mit Kindern
- freundlicher Kontakt zu Eltern
- gute Deutschkenntnisse
- möglichst andere Sprachen

B
- keine Angst, sich die Finger schmutzig zu machen
- gern unterwegs/reisebereit
- freundlich
- gründliche Arbeit
- handwerkliches Geschick
- Interesse an Technik
- körperliche Belastbarkeit
- möglichst Haupt- oder Realschulabschluss

C
- Ausbildung zum CNC-Fräser oder Schweißer
- exakt und mit Blick fürs Detail arbeiten
- möglichst Berufserfahrung
- Interesse an Weiterentwicklung

2c 1A, 2B, 3A, 4C, 5B, 6C

3a 1 bewerbe, 2 als, 3 abgeschlossen, 4 interessiere, 5 verändern, 6 sowohl, 7 als auch, 8 gemacht, 9 entwickeln, 10 haben, 11 Geduld, 12 Kommunikationsfähigkeiten, 13 kommen/stammen, 14 gelernt, 15 nützlich

4a 1 bewerbe, 2 als Erzieherin, 3 Im Anhang, 4 Lebenslauf, 5 Bewerbungsschreiben, 6 Zeugnisse, 7 Ich freue mich darauf

2 Anfragen und Bitten

1b Vorschlag:
2 Helena Becker soll die Frühschicht gegen die Spätschicht tauschen.
3 Nanh soll helfen, Herrn Wüst aus dem Bett und in den Rollstuhl zu heben.
4 Katharina Fröhlich-Schmitz soll eine Vertretung für übernächsten Samstag finden.
5 Theo Bürli soll einen Gesprächstermin vorschlagen.

1c Vorschlag:
2 Liebe Helena,
wie in jedem Jahr macht der Kindergarten meiner Tochter im Juli Ferien.
3 Hallo Nanh,
ich habe heute erfahren, dass Herr Wüst morgen von 10:00 bis 12:00 Uhr Physiotherapie hat. Im Moment kann er nicht allein aus dem Bett oder dem Rollstuhl aufstehen.
4 Sehr geehrte Frau Fröhlich-Schmitz,
ich möchte Ihnen mitteilen, dass mein Sohn übernächsten Samstag Schulfest hat und alle Eltern dazu eingeladen sind.
5 Sehr geehrter Herr Bürli,
ich schreibe Ihnen, weil wir in letzter Zeit ein paar Probleme in unserem Reinigungsteam hatten. Ich denke, dass wir uns deshalb zusammensetzen sollten.

1d Vorschlag:
2 Also bin ich mal wieder auf der Suche nach jemandem, der meine Frühschicht gegen die Spätschicht tauscht.
3 Darum müsstest du mir helfen, ihn aus dem Bett und in den Rollstuhl zu heben.
4 Nun ist es leider so, dass ich an diesem Tag nicht arbeiten kann und eine Vertretung brauche.
5 Entsprechend sollten wir einen Gesprächstermin vereinbaren.

1e Vorschlag:
2 Es wäre wirklich toll, wenn du das machen könntest.
3 Könntest du vielleicht um 10:00 Uhr und um 12:00 kurz mit anfassen?
4 Es wäre eine große Hilfe für mich, wenn Sie da jemanden finden könnten.
5 Wäre es möglich, dass Sie mir dazu ein paar Vorschläge schicken?

1f Vorschlag:
2 Ich würde dich sicher nicht bitten, wenn ich eine andere Möglichkeit hätte.
3 Ich weiß, dass du viel zu tun hast, aber ich schaffe das nicht allein.
4 Wenn es nicht so wichtig wäre, zu dem Schulfest zu gehen, würde ich natürlich arbeiten.
5 Ich möchte keine Umstände machen, aber ich brauche Ihren Rat.

1g Vorschlag:
2 Um das wiedergutzumachen, könnte ich gern auch ein anderes Mal mit dir tauschen.
3 Gern tue ich dir auch einen Gefallen, wenn du mal meine Hilfe brauchst.
4 Selbstverständlich kann ich in Zukunft einen anderen Samstag übernehmen.
5 Dafür kann ich Ihnen anbieten, auch außerhalb meiner Arbeitszeit vorbeizukommen.

1h Vorschlag:
2 Ich freue mich auf deine Antwort.
Viele Grüße
3 Schreib mir bitte so schnell wie möglich, ob das klappt.
Viele Grüße
4 Im Voraus vielen Dank.
Mit freundlichen Grüßen
5 Ich freue mich auf Ihre Vorschläge.
Herzliche Grüße

2a An Boubacar Fouda (1): 1b, 2a, 3b, 4c, 5a, 6c, 7b, 8b, 9a
An Julie Smits (2): 1b, 2a, 3b, 4a, 5a, 6b, 7c, 8a, 9a, 10b, 11c

3a 1d, 2c, 3h, 4g, 5e, 6a, 7i, 8b, 9f

3 Formulare und Anträge

1 Vorschlag:
1 Müller, 2 Goethestraße 189, 3 19.11.19xx, 4 Werner, 5 80932 München, 6 Emlichheim, Deutschland, 7 deutsch, 8 männlich 9 mueller.h@topnet.de, 10 089-11223344, 11 12.09.20xx, 12 Werner Müller

2a Folgende Informationen passen nicht: 4, 5, 8, 13, 15, 19

2b 1 Warensendung, 2 nummeriert, 3 Bestellung, 4 Versand, 5 Empfängers , 6 Absenders, 7 bestellt, 8 versendet, 9 Zeitpunkt, 10 Liste, 11 Artikel, 12 Artikelnummer, 13 Unterschrift, 14 Erhalt

3a 1e, 2f, 3i, 4h, 5j, 6b, 7a, 8d, 9g, 10c

3b Vorschlag:
1 ein Paket für mich entgegengenommen, 2 nicht erreicht, 3 vor meine Tür legen, 4 nach Hause kommen, 5 sehr nett

4 1h, 2i, 3b, 4d, 5e, 6g, 7c, 8f, 9a
Toma trägt ein, ...
2 von wann bis wann die Fahrt gedauert hat.
3 von wo nach wo die Fahrt ging.
4 warum die Fahrt unternommen wurde, wer gefahren und wer mitgefahren ist.
5 wie viele Kilometer bei Fahrtbeginn auf dem Tacho standen.
6 wie der Kilometerstand bei Fahrtende war.
7 wie viele Kilometer gefahren wurden und ob die Fahrt privat, geschäftlich oder von der Wohnung zur Arbeit war.
8 wie viel Kraftstoff getankt wurde und wie viel das gekostet hat.
9 wie viel Geld ausgegeben wurde und wofür.

5 1 e, i; 2 g, l; 3 b, j; 4 d, n; 5 m, o;
6 a, p; 7 k, r; 8 h, q; 9 f, s; 10 c, t

6a
- Bei der Kammer kann man erfahren, welche Genehmigungen man für die Gründung braucht. / Die Kammer informiert über die Genehmigungen, die man für die Gründung braucht. / Die Kammer informiert über notwendige Genehmigungen für die Gründung.
- Die Kammer berät Gründer. / Bei der Kammer können Gründer eine Beratung bekommen. / Die Kammer berät darüber, wie man eine Firma gründet.
- Die Kammer bietet Gründerseminare an. / Gründer können Seminare bei der Kammer besuchen. / Man kann in Seminaren der Kammer lernen, wie man ein Unternehmen gründet.
- Die Kammer vermittelt Ausbildungsstellen. / Die Kammer bietet die Vermittlung von Ausbildungsstellen an. / Die Kammer hilft Interessierten dabei, eine Ausbildungsstelle zu finden.
- Die Kammer bietet Weiterbildungen an. / Bei der Kammer kann man sich weiterbilden. / Die Kammer unterstützt Menschen bei der Weiterbildung.
- Die Kammer berät bei Rechtsfragen. / Die Kammer bietet eine Rechtsberatung an. / Bei der Kammer kann man eine Rechtsberatung bekommen.
- Die Kammer berät bei der Finanzierung. / Die Kammer bietet Finanzierungsberatung an. / Die Kammer hilft dabei, eine Finanzierung zu planen.

6b 1 a, d, e, h, i; 2 b, c, f, g, j

7a 1b, 2c, 3a

7b 1d, 2b, 3c, 4a

7d Vorschlag:
2 Der Unternehmer möchte ein Restaurant innen neu gestalten.
3 Ein Transportunternehmen braucht Fahrzeuge für den Transport von Waren.
4 Eine Tischlerei braucht Holz zum Verarbeiten und Platz, um das Holz zu lagern.
5 Ein Unternehmer möchte ein existierendes Geschäft kaufen und muss für die Einrichtung (Möbel, Kassen etc.) bezahlen.
6 Eine Werkstatt braucht zwei Mitarbeiter und einen Auszubildenden.

7e 1 gespart hat/bereitstellt, 2 beantragt/erhält, 3 das man ausleiht/aufnimmt

4 Angebote und Verhandlungen

1a 1c, 2b, 3a, 4a, 5c, 6b, 7b, 8a, 9c, 10c, 11c, 12b, 13c, 14a, 15c, 16b, 17c, 18b, 19a, 20c, 21b, 22b, 23c, 24b, 25c, 26a, 27c, 28a, 29a, 30b, 31c, 32b, 33b, 34a, 35b, 36c, 37b, 38a, 39c, 40a, 41c

2a Vorschlag:
Das Festival findet vom 23. bis 26.06.20xx am Heuersee statt.
Laut dem Veranstalter kommen ca. 20000 Besucher.
Wir brauchen folgende Mitarbeiter:
20 Männer und 20 Frauen sollten am Einlass die Leute kontrollieren und für die Sicherheit auf dem Konzertgelände sorgen.
Außerdem brauchen wir sowohl 20 Personen für die Sicherheit auf dem Campinggelände als auch je 10 Personen für die Sicherheit backstage und vor den beiden Bühnen.
Schließlich werden noch 10 Wachleute für das ganze Gelände über Nacht gesucht.
Wir würden für die ganze Veranstaltung 350,00 Euro bezahlen. Unterkunft und Verpflegung sind inklusive.
Wer von euch hat Zeit und Interesse?

3b Vorschlag:
Sehr geehrter Herr Wels,
wir freuen uns, dass Sie mit uns zusammenarbeiten möchten, und bieten daher wie folgt an:
Eine attraktive Lösung ist aus unserer Sicht das Aufstellen von Automaten, die durch unser Unternehmen betrieben werden. Wenn Sie sich dafür entscheiden, wären die Lieferung und die Aufstellung ab 50 Mitarbeitern im Betrieb kostenlos. Wir bestimmen die Preise für die Getränke, d.h. für Kaffee
sind das etwa 1,50 Euro pro Portion und bei Kaltgetränken 2,00 Euro für die 0,5 l-Flasche. Bier kostet 1,80 Euro pro 0,5 l.
Sie profitieren nicht nur von unserem Rundum-Service bei der Füllung, Wartung und Reinigung, sondern auch davon, dass dem Auftraggeber keine Kosten entstehen.
Dieses Angebot ist ein Beispiel für unsere zahlreichen Dienstleistungen. Gern besprechen wir mit Ihnen weitere Möglichkeiten einer Zusammenarbeit.
Wir stehen Ihnen jederzeit gern für weitere Informationen zur Verfügung.

3c Vorschlag:
1 vielen Dank, 2 könnte, 3 Allerdings, 4 Bei uns, 5 regelmäßig, 6 nutzen, 7 Deshalb, 8 häufigen, 9 scheinen, 10 Ab welcher, 11 Nachlass, 12 Außerdem, 13 schnell, 14 Im Voraus vielen Dank

5 Anweisungen

1a Vorschlag:
Dann gehst du in die Bar und schaltest die Kaffee- und die Eismaschine ein. Danach solltest du die Stühle herunterstellen und die Bestandsliste kontrollieren. Dafür musst du die vollen Flaschen durchzählen und mit der Liste vergleichen. Alle Abweichungen musst du in die Liste eintragen. Als Nächstes räumst du die Spülmaschine aus. Dann musst du die Gläser polieren und danach Schälchen mit Nüssen vorbereiten. Du musst auch noch die Getränkekarten auf den Tischen und auf der Bar verteilen. Danach kannst du Obst klein schneiden und in Schalen füllen und das Cocktailgeschirr bereitlegen. Dann musst du noch die Saft- und Sirupflaschen in die Kühltheke stellen. Am Ende zählst du am besten das Wechselgeld nach und testest die Zapfanlage.

1b Vorschlag:
Danach müssen die Tische abgeräumt werden. Die Kaffee- und die Eismaschine müssen ausgeschaltet werden. Dann müssen die Gläser in die Spülmaschine geräumt und die Spülmaschine eingeschaltet werden. Als Nächstes müssen die Flaschen aus der Kühltheke wieder in den Kühlschrank gestellt werden. Die Kühlschränke müssen auch wieder aufgefüllt und die vollen Flaschen in die Bestandsliste eingetragen werden. Außerdem muss die Theke aufgeräumt und gereinigt werden. Danach werden die Stühle hochgestellt und die Kühlschränke abgeschlossen. Am Ende muss die Abrechnung gemacht werden. Sie wird zusammen mit der Kassette im Tresor eingeschlossen. Die Bestandsliste muss auf Frau Wirschs Schreibtisch gelegt werden. Schließlich muss das Licht ausgemacht werden.

2a
1 dass die Heizungsanlage kontrolliert wird.
2 wird zuerst der Wasserdruck an der Pumpe gemessen.
3 Dann werden alle Heizkörper für eine Stunde voll aufgedreht und die Temperaturanzeige wird abgelesen.
4 wird der Heizkörper nochmals entlüftet.
5 müssen bitte noch angebracht werden.
6 Schließlich wird der Wasserdruck überprüft.
7 müssen natürlich weit aufgedreht werden.

3c 1 erwartet, 2 gedacht, 3 abholen, 4 sind, 5 hätte, 6 wünscht, 7 kennenlernen, 8 vertiefen, 9 übernehmen

3d
1 12 Plätze für eine Hafenrundfahrt zu reservieren
2 zwischen 14:00 und 18:00 Uhr stattfinden
3 organisieren Sie bitte
4 die Gäste zu betreuen
5 sich ein bisschen mit ihnen unterhalten
6 übersetzen
7 Getränke anzubieten

6 Einladung

1a 1b, 2d, 3a, 4c

1c Vorschlag:
Betreff: Einladung zur Geburtstagsfeier
Liebe Kolleginnen und Kollegen,
ich werde am 3. Juli 20 Jahre alt und möchte das gern mit euch feiern.
Dazu grillen wir in unserem Garten vietnamesische Snacks und Getränke gibt es natürlich auch.
Es geht um 19:00 Uhr nach dem Abendessen der Bewohner los und endet gegen 22:00 Uhr wegen der Nachtruhe.
Ich freue mich, wenn ihr Zeit und Lust habt.
Sagt mir bitte bis zum 20. Juni, ob ihr kommt.
Bis dann und viele Grüße

2b 1b, 2c, 3b, 4a, 5c, 6a, 7a, 8c

2c Dieser Satz passt nicht: Ich finde es sehr schade, aber bestimmt klappt es beim nächsten Mal.
Alternative: Ich freue mich schon sehr auf die Party.

2d Ja: 1, 7, 9;
Nein: 3, 5, 6, 8, 10, 11, 13, 14;
Vielleicht: 2, 4, 12, 15

3b 1g, 2k, 3c, 4b, 5a, 6e, 7d, 8f, 9h, 10j, 11i

7 Reklamation

1a 1b, 2c, 3d, 4a, 5f, 6e

2a Ja: 2, 3, 7, 9;
Nein: 1, 4, 5, 6, 8, 10

2c Vorschlag:
- Leider ist diese Bestellung nicht wie erwartet geliefert worden.
- Statt der bestellten hochwertigen Farbe haben wir ein einfaches Weiß von minderer Qualität bekommen.
- aber diese Farbe bekommen Sie in jedem Baumarkt zu einem weitaus günstigeren Preis.
- Wahrscheinlich haben Ihre Mitarbeiter die Bestellung mit einer anderen vertauscht.
- Außerdem haben Sie offensichtlich nicht auf das Lieferdatum geachtet,
- Wir sind ziemlich verärgert wegen dieses Fehlers,
- weil sich unsere Arbeit dadurch verzögert.
- Wir brauchen die richtige Farbe so schnell wie möglich, sonst können wir unseren Auftrag nicht pünktlich erledigen.
- Bitte schicken Sie uns umgehend die bestellte Ware.
- Wenn Sie an einer weiteren Zusammenarbeit mit uns als Neukunde interessiert sind, erwarte ich von Ihnen eine schnelle Bearbeitung.
- Bitte haben Sie Verständnis dafür, dass wir die Rechnung erst nach Erhalt der korrekten Lieferung bezahlen können.

3a
1 falsche Farbe geliefert, Verzögerungen beim Kunden
2 ja, wahrscheinlich vertauscht
3 viele Aufträge, Hektik im Lager
4 verärgert
5 schnelle Lieferung der richtigen Farbe
6 Nachlass anbieten, schnell liefern

3b
1 wir Ihnen die falsche Farbe geliefert haben [und dass] es dadurch bei Ihnen zu einer Verzögerung gekommen ist
2 nicht auf den Bestellschein geachtet [sowie] die Bestellung mit einer anderen vertauscht
3 weil wir im Moment viele Aufträge bearbeiten und es im Lager sehr hektisch ist
4 dass Sie verärgert sind
5 wenn die Lieferung korrekt erfolgt ist
6 einen Nachlass
7 dass die Ware schnell geliefert wird

3d
1 dass Ihre Ware zu spät bei den Kunden eingetroffen ist
2 dass er den Container am 02.04.20xx nicht übernehmen konnte
3 das Schiff pünktlich eingetroffen ist
4 hat der Zoll die Freigabe verweigert
5 besondere Kontrollen ohne vorherige Anmeldung stattfanden
6 die Ware erst am 06.04.20xx zum Transport bereit
7 am 07.04.20xx ausgeliefert werden
8 dass wir uns nicht an den Kosten beteiligen werden
9 darüber informieren

8 Übergabe und Dokumentation

1a 1C, 2A, 3B

1b 1 weißt, 2 verreist, 3 habe, 4 erledigt, 5 hast, 6 nachgeschaut, 7 gesehen, 8 sind, 9 haben, 10 wurden, 11 verkauft, 12 nachbestellt, 13 aufgebaut, 14 siehst, 15 hereinkommst, 16 werden, 17 musst, 18 weitergeben, 19 würde, 20 zurückzurufen, 21 findest, 22 zurückgelegt, 23 kann, 24 anschauen, 25 denke, 26 musst

1c
1 ist es so weit
2 beginnt mein Urlaub in Griechenland
3 dass du mich in den nächsten Wochen vertrittst
4 solltest du einige wichtige Termine beachten
5 stellen sich zwei neue Krankenpfleger vor
6 musst du bitte zwei Arbeitsverträge vorbereiten
7 mitgegeben werden
8 solltest du wie immer ab dem 21.05. vorbereiten
9 werden sie an die Lohnbuchhaltung übergeben

10 beginnt seinen Dienst
11 Könntest du ihn
12 ihm die Station zeigen
13 ihn den Kollegen vorstellen
14 wäre sehr nett
15 zwei Stellenanzeigen für einen OP-Assistenten und eine Hebamme geschrieben werden
16 findest du im Computer
17 werden einfach auf einige Karriereplattformen hochgeladen
18 musst du auch daran denken
19 so schnell wie möglich zu bearbeiten

1d Vorschlag:
Frau Stürmer hatte Magenschmerzen. Allerdings wollte sie kein Medikament. Heute Morgen hat sie zum Frühstück nur Joghurt gegessen. Außerdem fühlt sie sich schwach und braucht deswegen Hilfe beim Gehen. Herr Becker hat sich nach seiner Operation gut erholt, aber er soll mehr Wasser trinken. Vielleicht musst du ihn daran erinnern. Herr Klar hat noch Schmerzen nach dem Sturz vor drei Tagen. Deswegen empfiehlt der Arzt Bettruhe.
Bitte denk auch an die folgenden Termine: Heute Nachmittag um 15:00 Uhr ist der Friseur im Haus. Einige Bewohner möchten sich die Haare schneiden lassen. Dann kommt um 16:00 die Tochter von Frau Stürmer zu Besuch. Gleichzeitig haben Herr Klingenberg und Frau Reilmann Physiotherapie.

2a 1 Sicherheits- und Schutzkleidung:
- Sicherheitsschuhe mit Zehenschutz sind im gesamten Lagerbereich und auf dem Hof des Fuhrparks vorgeschrieben. / Im gesamten Lagerbereich und auf dem Hof des Fuhrparks müssen Sicherheitsschuhe mit Zehenschutz getragen werden.
- Es sollten Arbeitshosen und Arbeitsjacken getragen werden. / Das Tragen von Arbeitshosen und Arbeitsjacken wird empfohlen.
- Bei der Arbeit müssen Arbeitshandschuhe getragen werden. / Das Tragen von Arbeitshandschuhen ist bei der Arbeit Pflicht.

2 Arbeitssicherheit:
- Man muss bei Zugmaschinen nach dem Parken die Handbremse anziehen. / Bei Zugmaschinen muss nach dem Parken die Handbremse angezogen werden.
- Anhänger/Auflieger müssen mit den vorgesehenen Gestellen gesichert werden. / Man muss Anhänger/Auflieger mit den vorgesehenen Gestellen sichern.
- Regale dürfen nicht überladen werden, die Traglast muss kontrolliert werden. / Man darf die Regale nicht überladen und muss die Traglast kontrollieren.
- Man muss vorsichtig mit Gefahrgut umgehen. / Mit Gefahrgut muss vorsichtig umgegangen werden.
- Man muss Arbeitshandschuhe tragen und sie regelmäßig austauschen. / Arbeitshandschuhe müssen getragen und regelmäßig ausgetauscht werden.
- Pakete müssen grundsätzlich aus der Hocke angehoben werden, bei schweren Gewichten muss ein Kollege zu Hilfe gerufen werden. / Man muss Pakete grundsätzlich aus der Hocke anheben und bei schweren Gewichten einen Kollegen zu Hilfe rufen.

3 Verhalten bei Unfällen:
- Der Lagerleiter muss verständigt werden. / Man muss den Lagerleiter verständigen.
- Beim Austreten von Gefahrgut muss die Halle verlassen werden. / Man muss die Halle beim Austreten von Gefahrgut verlassen.

4 Sonstiges:
- Die gekennzeichneten Gehwege müssen benutzt werden. / Man muss die gekennzeichneten Gehwege benutzen.

2c 1 Einstellung, 2 vorgeschriebene, 3 erhalten, 4 Bestand, 5 Zehenschutz, 6 Arbeitshandschuhe, 7 könnten, 8 nachbestellen, 9 tragen, 10 Im Voraus vielen Dank

9 Protokoll und Statistik

1b
1 ... Wenn das nicht geht, muss er Urlaub nehmen.
2 Kerstin Mitterberger braucht im August zwei Wochen Urlaub, am liebsten direkt zu Anfang.
3 Eva Blau möchte am liebsten zwei Wochen Urlaub im September. Sie kann im August mehr Zwischendienste übernehmen.
4 Nanh Nguyen möchte im September lieber früher frei haben.

1c Anwesend: Bernd Plantner, Kerstin Mitterberger, Eva Blau, Nanh Nguyen, Klara Münch
Abwesend: Clemens Hammer, Tina Klein
Thema: Urlaubsplanung Sommer/Herbst
Protokollant: Nanh Nguyen

1d
1 ... Außerdem meinte er, dass er Urlaub nehmen muss, wenn das nicht geht.
2 Kerstin Mitterberger hat darum gebeten, im August zwei Wochen Urlaub zu bekommen, am liebsten zu Anfang des Monats.
3 Eva Blau würde sich freuen, im September zwei Wochen Urlaub zu bekommen. Sie hat auch vorgeschlagen, im August mehr Zwischendienste zu übernehmen.
4 Nanh Nguyen hat sich bereit erklärt, im August zu arbeiten. Er wünscht sich, dass er im September früher frei hat.

1e 1 Nachtdienste übernehmen, 2 Urlaub zu nehmen, 3 teilen, 4 macht/geht vom, 5 Urlaub/in Urlaub, 6 wechseln sich, 7 den Nachtdiensten ab, 8 geht, 9 beendet, 10 kann/sollte niemand

3a 1b, 2c, 3a, 4e, 5d

3b 1 steigern, 2 zahlreiche, 3 erhöhte, 4 Einstellung, 5 gesunken, 6 betrug, 7 gestiegen, 8 erhöht, 9 gesenkt, 10 Steigerung, 11 vergrößert

3c 1b, 2a, 3b, 4a

3d Vorschlag:
Von Mai bis Juni sind die Umsätze leicht gesunken.
Von Juni bis Juli sind die Umsätze stark gestiegen.
Von Juli bis August sind die Umsätze leicht gestiegen.
Von August bis September sind die Umsätze zurückgegangen.

10 Kündigung

1 Vorschlag:
2 Aufgrund eines besseren Angebots von einem Mitbewerber muss ich Sie leider darüber informieren, dass wir unsere bisherige Zusammenarbeit beenden werden.
3 Da meine Ehepartnerin eine neue Stelle in einer anderen Stadt angenommen hat, muss ich Ihnen leider mitteilen, dass ich hiermit meinen Arbeitsplatz zum 30. November 20xx kündige.
4 Ich habe mich entschlossen, ein Stellenangebot mit besseren Bedingungen anzunehmen. Daher kündige ich meinen Arbeitsvertrag mit Ihnen fristgemäß zum 30. November 20xx.
5 Ich kündige hiermit meinen Praktikumsplatz fristgemäß zum 30. November, weil ich einen Ausbildungsplatz gefunden habe.
6 Ich habe mich entschlossen, dass ich ein Sabbatical nehmen möchte. Deshalb kündige ich hiermit meinen bestehenden Arbeitsvertrag fristgemäß zum 30. November 20xx.
7 Wir müssen Ihnen leider mitteilen, dass wir Sie nach dem 30. November 20xx nicht weiter beschäftigen können, da unsere Umsätze stark zurückgegangen sind.
8 Ich habe mich entschlossen, mich selbstständig zu machen. Daher kündige ich meinen Arbeitsvertrag mit Ihnen fristgemäß zum 30. November 20xx.

9 Da meine Eltern in meinem Heimatland meine Hilfe benötigen, muss ich Ihnen leider mitteilen, dass ich meinen Arbeitsplatz zum 30. November 20xx kündige.

10 Bedauerlicherweise war Ihre Gebäudereinigung zum wiederholten Mal sehr unzuverlässig und hat sich nicht an die Vereinbarungen in unserem Vertrag gehalten. Aus diesem Grund haben wir uns nach reiflicher Überlegung entschlossen, den mit Ihnen bestehenden Vertrag zu kündigen.

11 Wir müssen Ihnen leider mitteilen, dass wir Sie nach dem 30. November 20xx nicht weiter beschäftigen können,
da Sie eine weitere Abmahnung wegen Unpünktlichkeit und unentschuldigtem Fernbleiben erhalten haben.

2a Richtige Antworten: 2, 3, 5, 8

2b Richtige Antworten: 1, 3, 4, 6, 7, 9

2d 1h, 2c, 3k, 4j, 5b, 6a, 7f, 8i, 9d, 10e, 11g

3a Text 2 ist eine höfliche Reaktion auf eine freundliche Kündigung.

(Text 1 würde man schreiben, wenn jemand eigentlich bleiben möchte, aber unzufrieden mit seiner Arbeit ist.

Text 3 klingt, als würde man sich freuen, dass der Kollege weggeht.)

4a 1c, 2e, 3d, 4a, 5b

4b 1 zwischen, 2 wiederholten, 3 mangelhaft, 4 überhaupt, 5 Trotz, 6 daran, 7 beschlossen, 8 künftig, 9 daher, 10 Vielen

4c
1 dass einige der Lebensmittel abgelaufen waren.
2 sondern bedeutet auch ein Gesundheitsrisiko für unsere Gäste.
3 da unsere Gäste auf Spitzenqualität bestehen.
4 den Vertrag mit Ihnen zu kündigen.
5 wegen eines Verstoßes gegen den Vertrag

4d Sehr geehrte Frau Reimann,

ich verwende Ihre Software „Traductino 2.0" seit Jahren, doch jetzt gibt es zu viele Probleme damit. Ich habe vor zwei Monaten einen neuen Computer gekauft, der ein anderes Betriebssystem hat. Ihre Supportabteilung hat mir gesagt, dass Ihre Software nicht vollständig kompatibel mit diesem System ist/sei. Nach einigen Abstürzen habe ich mich deshalb leider entschlossen, den Lizenzvertrag mit Ihnen zu kündigen.

Ich danke Ihnen im Voraus für eine zeitnahe Bestätigung.

5a 1i, 2c, 3b, 4g, 5f, 6d, 7a, 8e, 9j, 10h

11 Berichtsheft

1b Betriebliche Tätigkeiten:
- Schreiben der Angebotstafeln mit unseren Spezialitäten
- Arbeit im Service
- Begrüßung der Gäste
- Frage nach Wünschen und Beratung der Gäste
- Bedienung der Gäste

Unterweisungen, betrieblicher Unterricht, sonstige Schulungen:
- Hygieneschulung
- Umsetzen der Hygienestandards im Hotel

Themen des Berufsschulunterrichts:
- Deutsch: Schreiben von Angeboten für Gäste
- Betriebsführung: Bestandskontrolle und Durchführung von Bestellungen
- Praktischer Service: Reaktion auf Sonderwünsche von Gästen

1c 1 a, d, g, i, m; 2 e, h, j, l; 3 c, k, o; 4 b, f, n

2a
- Anlegen → anlegen, Beratung → beraten, Untersuchung → untersuchen, Pflege → pflegen, Rasur → rasieren
- Verlängerung → verlängern
- Berechnung → berechnen, Beratung → beraten, Informationen → informieren

2b Vorschlag:
- Ich habe einigen Kunden zum Schutz der Kleidung einen Umhang angelegt.
- Ich habe einige Kunden über Pflegeprodukte beraten.
- Ich habe die Kopfhaut einiger Kunden auf Erhebungen untersucht.
- Ich habe das Haar der Kunden gepflegt.
- Ich habe den Bart eines Kunden rasiert.
- Ich habe gelernt, wie man Haar künstlich verlängert (Extensions).
- Ich habe gelernt, wie man Preise berechnet.
- Ich habe geübt, wie man Kunden berät.
- Ich habe gelernt, wie man Kunden über Allergien und Unverträglichkeiten informiert.

2c Vorschlag:
- Außerdem habe ich einigen Kunden zum Schutz der Kleidung einen Umhang angelegt. Dann habe ich sie noch über Pflegeprodukte beraten und die Kopfhaut auf Erhebungen untersucht. Ebenfalls habe ich das Haar der Kunden gepflegt und einem Kunden den Bart rasiert.
- Im Betrieb habe ich darüber hinaus gelernt, wie man Haare künstlich verlängert (Extensions).
- In der Berufsschule habe ich gelernt, wie man Preise berechnet. Am gleichen Tag habe ich geübt, wie man Kunden berät. Schließlich habe ich noch gelernt, wie man Kunden über Allergien und Unverträglichkeiten informiert.

3a 1e, 2f, 3i, 4h, 5j, 6a, 7d, 8c, 9b, 10g

3b
2 Ein Friseur muss wissen, wie man die Kopfhaut pflegt.
3 Ein Hotelfachmann muss wissen, wie man Zimmer gestaltet und ausstattet.
4 Ein Mediengestalter muss wissen, wie man Fotos am Computer bearbeitet.
5 Ein Gas- und Wasserinstallateur muss wissen, wie man eine Fußbodenheizung einbaut.
6 Ein Koch muss wissen, wo man Lebensmittel einkauft.
7 Ein Physiotherapeut muss wissen, wie man Kräftigungsübungen für den Rücken macht.
8 Ein Optiker muss wissen, wie man die Sehstärke misst.
9 Ein Tischler muss wissen, wie man Teile für einen Verkaufsstand sägt und montiert.
10 Ein Konditor muss wissen, wie man eine Hochzeitstorte herstellt.

3c Vorschlag:
2 Das ist ein Service im Friseursalon, den sich viele Kunden wünschen.
3 Schöne und bequeme Zimmer sorgen dafür, dass Gäste wieder das gleiche Hotel buchen.
4 Für Broschüren und Magazine werden perfekte Bilder gebraucht.
5 In vielen Wohnhäusern werden heutzutage Fußbodenheizungen installiert.
6 Es ist wichtig, dass man gute Lebensmittel zu günstigen Preisen einkauft.
7 Viele Patienten haben Rückenschmerzen vom Sitzen.
8 Nur mit genauen Daten zur Sehstärke kann man Brillengläser herstellen.
9 Tischlereien stellen nicht nur Möbel, sondern oft auch Einrichtungen für den Verkauf her.
10 Besondere Torten werden oft bei Fachbetrieben bestellt.

3d Vorschlag zu 2:
- Umhang anlegen
- Höhe des Waschbeckens einstellen
- Produkte erklären und anbieten
- Wassertemperatur richtig einstellen
- Kopfhaut vorsichtig massieren
- Small Talk

3e Vorschlag zu 2:
Ein Friseur muss wissen, wie man die Kopfhaut pflegt. Das ist ein Service im Friseursalon, den sich viele Kunden wünschen. Es ist sehr wichtig, dass der Kunde sich wohlfühlt. Deshalb legt man zuerst den Umhang so an, dass er bequem am Hals sitzt. Dann stellt man die Höhe des Waschbeckens ein, damit der Kunde bequem liegen kann. Die Pflegeprodukte sollte man zunächst erklären und dem Kunden anbieten. Der Kunde wählt das Produkt selbst. Es ist ebenfalls wichtig, die Wassertemperatur richtig einzustellen. Wenn die Haare nass sind, wird das Produkt aufgetragen und die Kopfhaut vorsichtig massiert. Small Talk hilft dabei, dass der Kunde sich wohlfühlt.

12 Businessplan

1a 1h, 2b, 3d, 4j, 5f, 6g, 7i, 8k, 9a, 10c, 11e

1b
4 Produkt/Dienstleistung
7 Standort
2 Profil des Gründers
1 Zusammenfassung
9 Unternehmensorganisation
10 Kapitalbedarf und Finanzierung
3 Geschäftsidee
11 Betriebswirtschaftliche Planrechnung
6 Wettbewerbssituation
8 Marketing und Vertrieb

2a Vorschlag:
1 Mein Name ist/Ich heiße, 2 ich bin 30 Jahre, 3 Ausbildung zur Einzelhandelskauffrau, 4 abgeschlossen, 5 einem Spezialitätengeschäft in Düsseldorf, 6 besitze/habe ich, 7 mediterranen Spezialitäten, 8 mein eigenes Geschäft zu gründen/eröffnen, 9 man ein Geschäft führt, 10 zu eröffnen und zu betreiben, 11 mediterrane Snacks entwickelt, 12 angeboten/verkauft, 13 begeistert, 14 Stärken, 15 Freundlichkeit, 16 Belastbarkeit, 17 Kreativität, 18 gebe ich nicht auf, 19 Lösungen, 20 verlassen

2b Vorschlag:
1 Die Eröffnung plane ich am 01.04.20xx, weil im Frühling normalerweise mehr Laufkundschaft unterwegs ist und ich hoffe, so schneller bekannt zu werden. Ich habe durch meine Tätigkeit gesehen, dass es ein großes Interesse an diesen Produkten gibt und die Leute gern mit mediterranen Zutaten kochen. Auch als Geschenk werden diese Produkte oft gekauft. Außerdem möchte ich selbst hergestellte Snacks anbieten, die ebenfalls an meinem aktuellen Arbeitsplatz sehr beliebt sind.
2 Ich träume schon lange von einem eigenen Geschäft, in dem ich meine kreativen Ideen verwirklichen kann. Als begeisterte Hobbyköchin habe ich viele Rezepte entwickelt und möchte meinen Kunden die Möglichkeit bieten zu probieren und die Zutaten für zu Hause gleich auch zu kaufen.
3 Meine Hoffnung für die kommenden Jahre ist, einen festen Kundenstamm aufzubauen und mein Geschäft zu vergrößern. Dazu werde ich weiterhin neue Rezepte entwickeln und mein Angebot an Produkten ständig ergänzen. Außerdem möchte ich kleine Events zum Probieren veranstalten.

2c Vorschlag:
Mein Sortiment besteht am Anfang vielleicht aus ungefähr 200 verschiedenen Produkten. Dabei handelt es sich vor allem um verschiedene Trocken- und Hülsenfrüchte, Oliven, Käsesorten aus dem Mittelmeerraum, Brotspezialitäten, Gewürze und Gemüse in Konserven. Außerdem soll es Olivenöle, Dips und Pasten sowie Snacks wie Salate und Fingerfood aus eigener Herstellung geben. Meine Erfahrung zeigt, dass viele Menschen in Deutschland diese Produkte aus dem Urlaub kennen und gern auch zu Hause genießen möchten. Oft findet man aber nicht alle diese Spezialitäten im Supermarkt. Natürlich ist der Handel mit Lebensmitteln ein Risiko, weil Lebensmittel schnell verderben. Ich werde daher viele haltbare Lebensmittel anbieten und bei frischen Produkten zunächst kleine Mengen einkaufen, um das Verlustrisiko gering zu halten. Auch bei den Snacks werde ich zunächst kleinere Mengen anbieten und die Nachfrage beobachten.

2d Vorschlag:
... Beispielsweise stellte sich in einer Umfrage unter Kunden heraus, dass 70 % an kleinen Geschäften die Qualität und das spezielle Angebot schätzen. 50 % der Befragten gaben an, dass sie wegen der persönlichen Beratung in kleinen Geschäften einkauften, und 40 % sagten sogar, dass sie zu den Geschäften eine persönliche Beziehung empfänden. Häufig werden aus diesen Personen Stammkunden. Laut den Umfrageergebnissen legen 60 % der Kunden, die zwar auch im Supermarkt oder im Internet einkaufen, gerade bei Lebensmitteln Wert auf neue Entdeckungen. Das kann man in kleinen Geschäften immer wieder bieten. In der Nähe befinden sich weitere kleine Lebensmittelgeschäfte. Die Beliebtheit dieser Geschäfte zeigt, dass eine große Kundschaft existiert.

2e Vorschlag:
1 ein Geschäft für italienische Spezialitäten
2 ein Geschäft für Bio-Gemüse
3 zu einem Supermarkt
4 Metzgereien und ein Fischgeschäft
5 einen Wochenmarkt
6 bestehen schon lange
7 dass Kundschaft vorhanden ist.
8 auch in mein Geschäft
9 für mediterrane Spezialitäten
10 Ergänzung des Angebots
11 meine Produkte spezieller sind
12 haltbare Lebensmittel
13 kann man dort nicht bestellen

2f Vorschlag:
1 viele Kunden auf der Straße unterwegs sind
2 gehen die Leute dort gern einkaufen
3 fertige Speisen zu kaufen

2g Vorschlag:
1 mein Geschäft bekannt zu machen
2 ein Eröffnungsevent veranstalten
3 viele Menschen zum Probieren vorbeikommen
4 Probierangebote geben
5 das gern in Anspruch nehmen
6 neue Produkte bekannt gemacht werden

2h 1 plane, 2 verursacht, 3 bin, 4 hafte, 5 lasse 6 schützen, 7 verkaufe, 8 sehe, 9 herzustellen, 10 einzukaufen, 11 zu führen, 12 helfen, 13 einzuhalten, 14 einstellen, 15 Sollten, 16 besuchen, 17 verlängern, 18 einstellen, 19 möchte, 20 teilnehmen, 21 plane, 22 zu betreiben